Aí vai meu coração

ai vai

Ana Luisa Martins

meu Coração

AS CARTAS DE
TARSILA DO AMARAL
E ANNA MARIA MARTINS
PARA LUÍS MARTINS

SÃO PAULO • 2010

©Ana Luisa Martins, 2009

1ª Edição, Editora Planeta do Brasil, 2003
2ª Edição, Global Editora, São Paulo 2010

Diretor-Editorial
Jefferson L. Alves

Gerente de Produção
Flávio Samuel

Coordenadora-Editorial
Dida Besssana

Assistente-Editorial
João Reynaldo de Paiva

Revisão
Tatiana Y. Tanaka

Capa e Projeto Gráfico
Marcia Signorini

Editoração Eletrônica
Neili Dal Rovere

Dados Internacionais de Catalogação da Publicação (CIP)
(Câmara Brasileira do Livro, SP, Brasil)

Martins, Ana Luisa
  Aí vai meu coração : cartas de Tarsila do Amaral e Anna Maria Martins para Luís Martins / Ana Luisa Martins. – 2. ed. – São Paulo : Global, 2010.

  ISBN 978-85-260-1494-7

  1. Amaral, Tarsila do, 1886-1973. 2. Amor. 3. Cartas brasileiras. 4. Martins, Anna Maria. 5. Martins, Luís, 1907--1981. I. Título. II. Título: As Cartas de Tarsila do Amaral e Anna Maria Martins para Luís Martins.

10-04655   CDD-869.96

Índices para catálogo sistemático:
1: Correspondência : Literatura brasileira   869.96

Direitos Reservados

Global Editora e Distribuidora Ltda.
Rua Pirapitingui, 111 – Liberdade
CEP 01508-020 – São Paulo – SP
Tel.: (11) 3277-7999 – Fax: (11) 3277-8141
e-mail: global@globaleditora.com.br
www.globaleditora.com.br

Obra atualizada conforme o **Novo Acordo Ortográfico da Língua Portuguesa**

Colabore com a produção científica e cultural.
Proibida a reprodução total ou parcial desta obra sem a autorização do editor.

Nº de Catálogo: **2414**

*Para Clara e Mariana,
que me inspiraram a contar esta história,
e para o Zé Rubem, que me fez contá-la.*

"Que significa ser moderno? A resposta disso é a coisa mais complicada deste mundo ou a mais simples [...]. Ser moderno, ser antimoderno, ora bolas! Sou, isso é que é importante!"

MÁRIO DE ANDRADE, EM CARTA DE 1925 A MANUEL BANDEIRA

o que disse a respeito de "...
Latine". Não há tempo para outra
carta. Esqueço completamente meus
ressentimentos! Estou no Museu. As
vendas continuam.
    Adeus. Aí vai meu coração
cheio de saudades.
            Truly.

Estou rezando p-ᵃ voce
as bençãos de Deus caiam sobre voce.
    Aí vai meu coração de grande amiga.
                    Truly.

querido
e Luis, a
ma pose
s de idade

Luis querido
Sim, querido

Santos 18/2/1952

você ainda o é
não poderiam

Santos 19/2/1952

Querido Luis

Você deve estar amargurado e sofrendo muito. Avalio
passado. Uma pena certeza, isto não seria dileto
de hoje. Obigo Cruel! Cruelíssimo, foram
ser-me injustamente tascada de leviana
o seu muito em me fazer sofrer, pode fi-

a carta, na qual
perda de confiança
condições
anamente

en estava fir
deprimida
de minha proca
ao anjo. Na
uma de

p. 201
eiro

s. Crispiniano 29
São Paulo

andar

Bonifácio 233

Anna Mar
ainda posso lhe pedir que continue mandando
cartas como você sempre o fez e eu também

ai vai n

Eu devia ter uns sete, oito anos, tinha acabado de aprender a ler, quando, à procura de barbante, abri uma das gavetas da escrivaninha do meu pai e vi aquela foto. Era um retrato grande, em preto e branco. Mostrava o rosto de uma mulher bonita, de chapéu preto. No canto direito estava escrita alguma coisa em letras miúdas e bem desenhadas. Li com dificuldade: "Para o meu querido afilhado Luís Cláudio, com um beijo da sua tia Tarsila". Achei estranho. O Luís Cláudio era filho de uma irmã do meu pai. Como é que a tal da tia Tarsila, que eu sabia ser parente minha pelo lado materno, podia ser madrinha dele? E se a foto era dedicada ao Luís Cláudio, o que estava fazendo na gaveta do meu pai? Continuei remexendo. Achei uma foto do Ivã, outro primo pelo lado paterno, fazendo primeira comunhão. A dedicatória: "Para os meus queridos tios Luís e Tarsila, com muito carinho". A dedicatória na foto da irmã do Ivã, com um longo vestido branco, luvas brancas, o rosto compenetrado e uma vela comprida na mão direita, era igualzinha. "Tem alguma coisa esquisita nisso tudo", pensei, e fechei a gaveta depressa, com medo de ser descoberta.

  Passei os dias seguintes bolando estratégias para remexer naquela gaveta de novo. Toda vez que meus pais saíam, eu inventava uma desculpa e me enfiava no escritório. Com o passar do tempo, já sabia de cor o que tinha ali: pedaços de barbante, moedas velhas, clipes enferrujados, uma lupa enorme, fotos e, o mais interessante, cartas e bilhetes meio amarelados cujo conteúdo eu decifrava com sofreguidão e que me levaram a uma descoberta surpreendente: antes de se casar com minha mãe, meu pai tinha tido outra mulher! E, mais estranho ainda, essa mulher era uma pessoa que eu chamava com toda a intimidade, embora não conhecesse pessoalmente, de tia Tarsila. Tudo isso levava a uma dúvida sobre a qual refleti noites a fio sozinha em meu quarto. E se aquela tia, além de ter sido mulher do meu pai, também fosse, na verdade, minha mãe? Não sei quantas histórias mirabolantes imaginei a respeito, cheias de detalhes pungentes e lances melodramáticos.

A fantasia tinha sua razão de ser. Havia uma aura de mistério e mal-estar em torno daquele nome. Era citado com frequência por meus pais, geralmente entre sussurros, frases interrompidas e palavras ditas a meia-voz que só faziam aumentar minha curiosidade e minha capacidade de audição através de portas: "Não, na quinta não podemos, pois é dia de você ver Tarsila", ou "Amanhã, depois que eu visitar Tarsila...". De vez em quando eu perguntava, timidamente: "Mas, afinal, quem é Tarsila?". As respostas eram vagas, resmungos mal-humorados que não estimulavam novos questionamentos. "Uma prima de sua avó", dizia minha mãe com secura, em tom de quem põe um ponto-final no assunto. Ora, por que meu pai iria se dar ao trabalho de visitar uma prima da vovó, se era óbvio que não falava com ninguém da família da minha mãe, muitíssimo menos com a vovó?

E havia também "as lembrancinhas" — que me encantavam e intrigavam. Em geral eram trazidas por uma negra enorme, que vinha brincar comigo nos fins de tarde; outras vezes, por meu pai. "Fui hoje visitar Tarsila e olha o que ela mandou para você", dizia ele, sem maiores explicações. Eram livros de história como eu nunca tinha visto antes, grandes, coloridos, alguns com ilustrações que mais pareciam pequenos quadros presos por frágeis pontos de cola, tão reais que eu não me cansava de tocá-las e quase virá-las do avesso, controlando-me a custo para não arrancá-las da página. Eram acima de tudo livros muito diferentes dos que eu estava acostumada a ler. E embora percebesse que contavam histórias infantis, quem os escrevera parecia falar para crianças que eu não atinava muito bem quem eram, de alguma forma distintas e distantes de mim. Nenhuma das minhas amigas tinha livros como aqueles: *As aventuras e desventuras de Gil Brás, Os três mosqueteiros, Lendas maravilhosas da Alhambra, Os mais belos contos das maravilhas, Fábulas de La Fontaine*, e outros, muitos outros, que, quando abertos, exalavam um odor forte, adocicado, de papel envelhecido.

Ou então eram pequenos objetos de prata que mamãe deixava guardados nas caixas de forro aveludado e com os quais eu só podia brincar de vez em quando — bandejinhas, cachepôs, porta-copos, cinzeirinhos feitos de moeda, e o meu predileto, uma coleção de minúsculas colherinhas de café, cada qual ostentando na ponta do cabo uma forma diferente: um pássaro, um peixe, um veadinho, um quase irreconhecível caju, uma flor, e a maior de todas, solitária e imponente, que refletia meu rosto quase tão bem quanto um espelho, e o cabo que se transformava, sabe-se lá como, numa pequenina e encantadora lagartixa. "Mas quem é essa mulher que me manda presentes tão elegantes?", eu perguntava. Os sorrisos constrangidos que recebia como resposta não me diziam nada e, por isso mesmo, diziam muito. Eu não me importava: sabia onde encontrar o que procurava.

Li e reli aquelas cartas tantas vezes que depois de algum tempo já tinha reconstituído quase toda a história que mc intrigava. Não, eu não era filha daquela mulher, isso logo descobri com alívio. Mas coisas estranhas haviam acontecido entre meu pai, minha mãe e aquela tia distante; coisas que mais tarde, na crueldade do julgamento adolescente, passei a considerar, em vez de estranhas, ridículas. Guardei minhas descobertas para mim mesma e não toquei no assunto com ninguém (era óbvio que não havia clima para isso) até muitos anos depois, quando, certa noite, depois de tomar um "uisquinho", como era seu hábito, meu pai me chamou para conversar e anunciou, com ar entre solene e constrangido, que tinha uma revelação a me fazer.

"Se o que você vai me contar é a sua história com a Tarsila", disse eu ao entrar no seu escritório, com aquela arrogância típica da adolescência (da minha, pelo menos), "não precisa ficar tão nervoso. Eu já sei de tudo. Ou quase tudo. Aliás, acho esse negócio todo a maior besteirada. Que grande tempestade em copo d'água vocês fizeram, hein?" Meu pai levou um susto tão grande que abriu a boca e ficou assim, imóvel, por algum tempo, antes de cair sentado numa cadeira.

Conversamos a noite toda sobre o assunto e, depois, mais algumas vezes ao longo dos anos (não muitas, pois o tema o deixava evidentemente irritado e acabrunhado) até sua morte, em 1981. Mas fosse por esquecimento, discrição ou porque já sabia a resposta, ele nunca perguntou como eu tomara conhecimento do caso (nem eu jamais tive coragem de lhe contar que bisbilhotara seus papéis), de modo que nunca mencionamos o conteúdo daquela gaveta.

Como jornalista, escritor e crítico de arte que foi, meu pai recebeu, de amigos e conhecidos, centenas de cartas, que ia guardando, em ordem alfabética, numas pastas verdes de elástico. Alguns anos depois que ele morreu, doei essas pastas para o Museu de Literatura da Casa de Rui Barbosa, no Rio de Janeiro. As cartas de Tarsila, porém, por julgar pessoais demais e por não estarem guardadas junto com as outras, coloquei numa gaveta com fotos, correspondência de parentes e outra papelada mais "íntima". Não as revi durante muito tempo, embora pensasse nelas de vez em quando, planejando vagamente entregá-las a alguém que soubesse melhor do que eu o que fazer com elas. Tendo em vista o longo período que Tarsila e meu pai conviveram, imaginava que, cedo ou tarde, algum pesquisador viria nos procurar, a mim ou a minha mãe, para saber se não tínhamos documentos inéditos da pintora — o que, no entanto, não sei bem por quê, jamais aconteceu.

Ocorre que há algum tempo, remexendo no que ainda restara dos intermináveis papéis de meu pai, dessa vez para doá-los ao MAM paulista, tornei a ler as cartas de Tarsila, e elas voltaram a me surpreender — quase com a mesma intensidade que aos sete anos, mas por motivos bem diversos. Talvez nem tanto pelo fato de eu me dar conta, de repente, de que tinha em mãos um registro inédito de parte da vida (e uma parte pouquíssimo conhecida) daquela que é considerada hoje, por muitos, a maior pintora brasileira do século XX. Mas principalmente pelo que vi então nesse registro: lidas em ordem cronológica, as cartas de Tarsila contavam uma espantosa história de moralismo e preconceito (ocorrida há meros cinquenta anos!), que mais parecia um romance de amor ou uma novela de época — repleta de paixão, traição, sofrimento e generosidade —, uma história que longe de denegrir quem quer que fosse, só engrandecia a memória dos seus personagens.

A descoberta me deixou estupefata. Comecei a achar que queria, e devia, compartilhá-la com outras pessoas. De início, pensei em apenas publicar as cartas do jeito que estavam. Mas, como pude ver aos sete anos, as coisas nunca são tão simples quanto parecem à primeira vista. Para começar, levei meses para convencer minha mãe a concordar com este meu projeto. Naturalmente tímida, discretíssima e avessa a badalações, sua primeira reação foi rejeitar veementemente a ideia. Foram semanas para conseguir que, pelo menos, lesse as cartas de Tarsila (apesar de decorridos mais de cinquenta anos e de Tarsila estar morta havia quase trinta, aquilo lhe parecia um ato imperdoável de invasão). E quando por acaso encontrei as cartas que ela própria, minha mãe, escrevera na época, camufladas em meio a outros papéis, as coisas só pioraram. Passado o espanto pelo fato de meu pai não as ter rasgado, ela se recusou a lê-las, alegando não ter a menor vontade de relembrar o caso e muito menos as "tolices" que, nas suas palavras, cometera.

Por respeito à sua opinião, desisti da ideia. Mas resolvi fazer a única coisa que podia para que as cartas, e com elas a história, não se perdessem para sempre: comecei a digitá-las no computador. Pensava sobretudo em minhas filhas, que assim teriam uma oportunidade de conhecer a história dos avós, quando já não houvesse quem pudesse contá-la. À medida que o fazia, porém, ia sentindo falta de detalhes e informações necessárias a um melhor entendimento de como as coisas aconteceram. Aos poucos, fui conversando com minha mãe e consegui preencher algumas lacunas. Nesse processo, acabei falando também com parentes e amigos que tiveram a generosidade de me receber e a paciência de rememorar comigo pessoas e fatos há muito ocorridos.

O caso é que, quando minha mãe finalmente leu a correspondência, já digitada e com algumas anotações que eu fizera, passou a enxergá-la com outros olhos, creio, mais objetivos. Além de corrigir meus erros e as inúmeras deduções equivocadas, de recordar novos detalhes e dar sugestões, interessou-se pelo que eu estava fazendo. A partir daí, as conversas que teve com seus amigos mais próximos foram fundamentais para que ela me autorizasse a prosseguir a pesquisa.

Isso posto, e com a consciência aplacada no que diz respeito a minha mãe, devo dizer que, quanto a meu pai e Tarsila, não posso ter a menor certeza, como é óbvio, de que teriam gostado de ver sua intimidade assim devassada — uma dúvida que me assaltou várias vezes antes, durante e depois de terminado o trabalho. Impossível saber o que teriam achado disso tudo. A não ser, talvez, e esta foi a conclusão mais reconfortante a que cheguei, por suas obras e pelas recordações que temos deles, pelo que sabemos de suas personalidades, opiniões e de seus valores morais, e também pelo que eles nos deixaram por escrito, guardado em envelopes, bem organizado e protegido das traças, numa gaveta a ser aberta um dia por seus sobreviventes.

Meu pai, Luís Martins, foi o último companheiro da pintora Tarsila do Amaral. Tinha vinte e seis anos quando a conheceu. Ela, quarenta e sete. Uma diferença de idade de mais de vinte anos que, se nos dias de hoje ainda é capaz de chocar — quando a mulher é que é mais velha —, em 1933 era considerada quase uma perversão.

Não obstante, e a despeito dos preconceitos que enfrentaram, os dois iniciaram um relacionamento que perdurou por mais de dezoito anos. Nunca formalizaram sua união, para adicional estranheza de grande parte dos "Amarais" (como era conhecida a tradicional família paulista de Tarsila), que evitavam frequentar a fazenda Santa Teresa do Alto quando ele lá se encontrava e jamais souberam direito de que maneira designá-lo; em geral se referiam a ele — a voz meio tom mais baixa — como "o homem que vive com Tarsila".

Em 1952, após quase duas décadas de vida em comum, meu pai se separou de Tarsila para casar com minha mãe, Anna Maria, na época Coelho de Freitas (Coelho do pai, e Freitas do primeiro marido, morto em 1944). Ocorre que minha mãe era filha de uma prima-irmã de Tarsila e dezessete anos mais jovem que meu pai. Por várias razões, mas basicamente por conta desse parentesco próximo, a separação de Tarsila e o subsequente casamento de meus pais suscitaram uma celeuma em meio à família Amaral, que encarou o caso todo como um trágico escândalo a ser, se possível, escondido de tudo e de todos.

Por causa disso, minha mãe foi deserdada (uma decisão revogada posteriormente) e boa parte dos "Amarais" rompeu não só com meu pai mas também com Tarsila, que, se já não era muito bem-vista pela maioria dos parentes devido ao seu modo de vida, foi considerada, por motivos que quase fogem à compreensão, uma das principais vilãs do caso.

Em 1933, quando iniciou o relacionamento com meu pai, Tarsila já era uma artista de renome mas estava longe do reconhecimento que teria mais tarde, o qual, segundo sua biógrafa Aracy Amaral, só ocorreria realmente a partir dos anos 60. Mesmo balzaquiana, era uma mulher deslumbrante. Além de impressionar pela beleza — exótica, exuberante —, impressionava pela inteligência, cultura, vivacidade. Fora educada na Europa, mas passara a infância em fazendas no interior do estado de São Paulo. Tivera uma vida frenética e turbulenta ao lado do segundo marido, Oswald de Andrade; viajara o mundo todo, convivera com os maiores artistas e personalidades do século. Era chique sem ser esnobe; era aristocrática e, ao mesmo tempo, simplíssima. A todos encantava, e os homens caíam a seus pés. Não foi diferente com meu pai.

A situação financeira dos "Amarais" na década de 30 já não era a mesma dos anos 20. O *crack* de 1929 levara à bancarrota quase todos os antigos barões do café, e várias propriedades rurais haviam sido hipotecadas, entre elas a fazenda Santa Teresa do Alto,* de propriedade de Tarsila, que ela tentava agora recuperar. Como tinha também que conseguir dinheiro para a própria subsistência, além de administrar a fazenda, pintava retratos sob encomenda e escrevia artigos para jornais.

---

* SEGUNDO OS SOBRINHOS DE TARSILA, A FAZENDA SANTA TERESA DO ALTO JAMAIS PERTENCEU A OSWALD DE ANDRADE, COMO ÀS VEZES SE AFIRMA. OS TAIS TERRENOS EM PINHEIROS, QUE OSWALD TERIA DADO AO PAI DE TARSILA EM TROCA DA FAZENDA, FORAM DE FATO ENTREGUES A JOSÉ ESTANISLAU DO AMARAL, MAS COMO PARTE DO PAGAMENTO DE ANTIGAS E VOLUMOSAS DÍVIDAS QUE OSWALD CONTRAÍRA COM O SOGRO E NÃO TIVERA COMO QUITAR.

Antes de meu pai, Tarsila já havia tido três relacionamentos, dois dos quais oficializados pelos laços do matrimônio. Do primeiro, em 1906, diz-se que foi "arranjado" com um primo de sua mãe, o farmacêutico André Teixeira Pinto. Da união nasceu Dulce, sua única filha. Mas, por um motivo ou por outro, o casamento pouco durou, como que anunciando o "destino" da pintora nesse terreno — ao qual, conforme lhe revelaria uma astróloga de sua confiança, ela estaria irremediavelmente fadada. Mais tarde, para que Tarsila pudesse se casar com Oswald de Andrade, José Estanislau do Amaral ajudou a filha a obter a anulação desse primeiro matrimônio.

O relacionamento de Tarsila com Oswald de Andrade (que ela, como todos então, chamava de "Osváld", e não de "Ôsvald", como se costuma pronunciar o nome do escritor hoje em dia) começou no fim de 1922 (depois da Semana de Arte Moderna — da qual, como se sabe, a pintora não participou, pois estava na Europa) e perdurou até 1929. Por várias razões, sobretudo para não prejudicar o processo de anulação do casamento com André, Tarsila manteve-se o mais discreta possível sobre a ligação com Oswald até os dois poderem formalizar a união em 1926, sob as bênçãos de dona Olivia Guedes Penteado e do então presidente da República, Washington Luís. Os "Amarais" em geral, mesmo os mais próximos de Tarsila e que lhe perdoaram a ousadia desse segundo matrimônio, não gostavam nem um pouco de Oswald de Andrade — sentimento que persiste até hoje na família —, descrevendo-o, entre outras coisas, como um grande esbanjador — do dinheiro do pai e do dinheiro do pai alheio.

É conhecido o caso do casamento de Oswald com Patrícia Galvão, a Pagu, e não resisto à tentação de evocá-lo aqui, como exemplo desse lado mais ingênuo de Tarsila (o mesmo, talvez, que anos mais tarde a impediria de perceber o que estava acontecendo entre seu companheiro, Luís, e a filha de sua prima). Oswald apaixonou-se por Pagu, que era amiga e frequentadora da residência do já famoso casal "Tarsiwald". Seu desejo era separar-se para casar com Pagu, mas sabia que o pai dela, homem severo e conservador, jamais permitiria a união. Eis que, em fins de 1929, Pagu comunica a Oswald que está grávida. Ele concebe então um plano para afastá-la da casa paterna: o falso matrimônio (perfeitamente encenado, com padre e tudo) de Pagu com um amigo seu, Waldemar Belisário. Tarsila e Oswald são convidados para padrinhos. Finda a cerimônia, os "recém-casados" dirigem-se a Santos, onde supostamente embarcariam num navio rumo a Paris. Mas Oswald os alcança no alto da serra e segue viagem com Pagu até o porto, de onde partem para a Bahia. Tarsila soube da novidade por Antenor, o "feiticeiro" que frequentava sua casa. Ficou arrasada. Segundo relatou a uma sobrinha, pouco tempo depois Oswald teria se arrependido e tentado voltar atrás, propondo-lhe uma reconciliação — ideia que ela rechaçou sumariamente.

O terceiro companheiro de Tarsila do Amaral, por cerca de três anos (de 1931 a 1933), foi o médico nordestino Osório César, que desenvolvia um importante trabalho psicanalítico no hospital do Juqueri. Juntos, os dois viajaram para a antiga União Soviética, para a Iugoslávia e para a Turquia. É a "fase socialista" de Tarsila, que culmina em 1932 com sua detenção por um mês no presídio do Paraíso, acusada de "atividades suspeitas" devido à viagem à Rússia e à presença em reuniões de grupos de esquerda.

Ora, a abundância de relacionamentos, as separações, a prisão, tudo isso aliado à total e desafiadora falta de convencionalismo de Tarsila eram um escândalo para a época e, principalmente, para a moral provinciana da família. Do pai, Tarsila jamais ouviu censura alguma. O velho Juca idolatrava a filha e com ela gastou grande parte de sua fortuna, mandando-a estudar nos melhores colégios da Europa, financiando seus ateliês em Paris, suas viagens (sem e, mais tarde, com Oswald de Andrade) e seus vestidos criados por Poiret.

Mas com alguns irmãos as coisas eram bem diferentes. Sentiam-se de tal forma ofendidos por seu modo de vida que um deles ameaçava recebê-la a chicotadas se ela ousasse pisar em sua fazenda; outro virava-lhe as costas ostensivamente quando a via na rua. Não a visitavam, não a recebiam em suas casas nem permitiam que os filhos se aproximassem dela, o que entristecia a pintora. Somente anos mais tarde, quando Tarsila já estava doente, eles se reaproximariam da irmã.

Já com Oswaldo, o irmão mais velho, Tarsila deu-se muito bem. Mas ele morreu cedo, o que a faria declarar várias vezes: "Oswaldo só me deu um desgosto na vida: morrer". De modo que, com o passar do tempo, Milton (que foi médico de renome, um dos fundadores da Faculdade de Medicina de São Paulo) tornou-se o maior elo entre Tarsila e a família, o único irmão a recebê-la em casa. Contava para isso com o apoio da esposa, Alice Carmen de Souza Amaral (apelidada "Liloca"), a quem a pintora se refere com frequência na correspondência. Mulher bonita, inteligente e de personalidade forte, "Liloca" foi a grande aliada da cunhada, a amiga que sempre ficou ao seu lado, nos bons e nos maus momentos, inclusive, a despeito de ter convicções políticas bastante conservadoras, quando Tarsila foi presa em 1932.

As irmãs Marieta e Lucia, primas de Tarsila, também são mencionadas com frequência nas cartas. Marieta casara-se com o primo Luís Estanislau do Amaral, irmão caçula de Tarsila; era, portanto, também sua cunhada. Sofisticada, autoritária, severa nos hábitos e na maneira de pensar, parecia-se muito, física e psicologicamente, com a mãe, Anna Cândida (ou dona

"Candinha", como a chamavam), que, segundo consta, tinha personalidade oposta ao nome.

Já Lucia puxara mais ao pai, o médico Estanislau do Amaral (cujo nome era quase idêntico ao do irmão mais novo, José Estanislau do Amaral, pai de Tarsila). Lucia era tida por todos como uma pessoa moderna, de mente aberta e ideias avançadas, talvez um pouco liberais demais para o gosto da família. Tanto que, em 1923 — protagonizando uma cena que, por ironia, sua própria filha repetiria anos depois —, fugira de casa para se casar com Renato de Andrada Coelho, contra a vontade dos pais. Ocorre que o noivo, embora de família tradicional (era descendente direto do "Patriarca da Independência"), não era visto com bons olhos por Estanislau e "Candinha", sobretudo por "Candinha". Entre os motivos estavam sua então precária situação financeira, a fama de boêmio e a personalidade forte de sua mãe, Gabriela, que horrorizava a sociedade paulista da época por fumar charuto em público, nas leiterias e casas de chá.

Lucia era minha avó. Ela e Marieta eram proprietárias das fazendas Pedras e Sertão, respectivamente (propriedades vizinhas à de Tarsila), e tinham com a prima relações cordiais, mas distantes. Minha avó, mais afeita a desafiar convenções, chegara até a receber Tarsila e seu companheiro, Luís, na fazenda das Pedras. Mas mesmo assim, quando minha mãe começou a frequentar Santa Teresa do Alto, juntamente com a prima Heloísa (filha de Marieta e Luís) e Maria Antonietta Montenegro (sua vizinha, em Santos, e melhor amiga), fazia-o às escondidas, pois sabia que nem seus pais nem sua tia Marieta, a quem era bastante chegada, aprovariam uma aproximação maior com o casal Tarsila-Luís Martins, e muito menos com os amigos deles, artistas meio amalucados e sem emprego fixo, que costumavam se hospedar na fazenda.

Ora, se Tarsila era uma mulher atraente, meu pai, pelo que dizem seus contemporâneos e as fotos de mocidade comprovam, não ficava muito atrás. É bem verdade que, quando a conheceu, em 1933, mal começara sua carreira jornalística e pouco entendia de artes plásticas, embora tenha depois se tornado crítico de arte e um dos grandes defensores da arte moderna. Mas era um rapaz bonito, inteligente, culto, conversador, que fazia sucesso entre as mulheres.

Aos vinte e seis anos, ainda morava com os pais, no bairro da Tijuca, no Rio de Janeiro. Mas já publicara um livro de poemas (*Sinos*), colaborara em vários jornais e revistas cariocas, fizera programas para a rádio Mayrink Veiga e era conhecido nos meios intelectuais por seu estilo polêmico e provocador. Não obstante, estava naquele momento sem emprego fixo, fazendo magros *free-lances* e trabalhando com Dante Costa na criação da revista *Rio-Magazine*.

Assíduo frequentador da Lapa carioca — bairro a que seu nome ficaria para sempre ligado e sobre o qual escreveria, em 1936, o romance *Lapa* (que lhe custou a prisão pelo Estado Novo, sob a acusação de subversão e imoralidade), e, na década de 60, um livro de memórias, o *Noturno da Lapa* —, tinha um vasto grupo de amigos que se tornariam escritores, pintores e até políticos de renome, mas que não passavam então de jovens intelectuais boêmios.

A correspondência que encontrei em suas gavetas pode ser agrupada em três períodos. O primeiro é composto por cartas de Tarsila, escritas nos últimos meses de 1950 e primeiros meses de 1951. Ela tinha sessenta e quatro anos, e ele, quarenta e três. Os dois ainda viviam juntos, numa casa de propriedade de Tarsila, na rua Caiubi, no bairro paulistano de Perdizes. Meu pai estava viajando pela Europa, e Tarsila organizava em São Paulo uma retrospectiva de sua obra ("Tarsila: 1918-1950", a primeira que acontecia na cidade desde 1929). Enquanto isso, procurava apartamento para uma futura mudança do casal, que afinal não se realizaria — pelo menos não com meu pai.

O segundo período, composto por cartas de Tarsila e de minha mãe, refere-se principalmente aos primeiros meses de 1952 — época em que meu pai e Tarsila se separaram em definitivo. Ele estava no Rio de Janeiro, hospedado na casa de uma irmã, e Tarsila, ora na rua Caiubi, ora na fazenda Santa Teresa do Alto — embora todos os envelopes tragam o endereço da casa da cidade. Minha mãe encontrava-se a maior parte do tempo em Santos, onde morava com os pais, e às vezes na fazenda das Pedras. Tinha vinte e sete anos, um filho de sete, e era viúva.

O terceiro período, no segundo semestre de 1952, é composto apenas por cartas de minha mãe.

De meu pai, não restaram cartas dessa época — encontrei somente um rascunho destinado a meu avô (que não sei se foi ou não enviado), um "questionário" elaborado por ele e preenchido por Tarsila e uma carta relacionada ao assunto, entregue tempos depois a minha mãe. As cartas que ele escreveu para minha mãe em 1952, ela rasgou imediatamente após a leitura — pois temia deixar evidências da ligação dos dois. E as que ele escreveu para Tarsila foram queimadas mais tarde por "Liloca" a pedido expresso da destinatária. Se, por um lado, é uma pena que sua voz "mais íntima" esteja, desse modo, silenciada, por outro, creio ser melhor assim. Pelo que já sabia e confirmei em conversas com amigos, meu pai passou por vários momentos de desespero ao longo daqueles dois anos. Primeiro, consumido pela culpa e por não saber como terminar seu relacionamento com Tarsila — ocasião em que chegou a cogitar suicídio; depois, pelas acusações que a família de minha mãe lhe fez. E pessoas desesperadas tendem a escrever coisas constrangedoras demais para ser publicadas.

Para minimizar o silêncio de meu pai, incluo aqui um relato que extraí de seu livro de memórias, *Um bom sujeito* (lançado em 1983 pela Editora Paz e Terra, após a morte dele), e editei livremente, além de alguns poemas e crônicas publicados na época em que tudo isso aconteceu — essas últimas, por vezes, verdadeiras cartas disfarçadas, que certamente não fariam parte de uma antologia das melhores crônicas escritas por meu pai mas que valem ser reproduzidas aqui como instrumento que foram para dar vazão a seus sentimentos, expressar seus pontos de vista e por não raro terem sido respostas a fatos ou cartas que não tinha como fazer chegar às mãos dos destinatários.

Luís

No começo de 1933, estive muito doente. Afinal, depois de quase quatro meses de recolhimento ao leito, na rua Zamenhoff, em casa de meus pais, arribei e pude pela primeira vez sair à rua. Estava num estado deplorável: já era magro, mas, com a doença, tornara-me esquelético. Além do mais, andava mal-vestido, pois havia muito não ganhava nada e minhas roupas estavam no fim. Quando queria apresentar-me melhorzinho, usava os ternos do meu irmão João. Continuava desempregado. Mas, assim que tive forças, voltei ao convívio dos amigos, no Belas-Artes, no Amarelinho e na Lapa, chegando frequentemente tarde em casa, para desespero de minha mãe. Recomecei, também, as minhas habituais visitas à casa de Álvaro Moreira, que me recebeu de braços abertos, surpreendido com a volta do ressuscitado.

Em outubro de 1933, Tarsila do Amaral, que fizera uma viagem à Rússia no ano anterior (sua última viagem ao estrangeiro), resolveu realizar uma exposição de toda a sua obra no Rio de Janeiro. Hospedou-se na casa de Eugênia e Álvaro Moreira e, quando a vi pela primeira vez, levei um choque. Tarsila já não era a "caipirinha vestida por Poiret", de Oswald de Andrade; nem aquela mulher elegantíssima que em Paris, ao entrar numa frisa de teatro — como contava Sergio Milliet —, fazia com que toda a platéia se voltasse para vê-la. Sua fazenda Santa Teresa do Alto estava hipotecada. Vestia-se modestamente, sem nenhum vestígio de luxo. Mas conservava ainda uma surpreendente, radiosa e espetacular beleza.

Era muito grande a diferença de idades entre nós. Não obstante, ao vê-la, fiquei profundamente perturbado: foi um verdadeiro *coup de foudre*. Não fui só eu que me impressionei com Tarsila. Tenho a certeza de que, mais ou menos, quase todos os meus companheiros ficaram secretamente enamorados. Ela causava sensação onde aparecia. Mas quem era eu para ousar confessar o que sentia? Um rapaz de vinte e seis anos, recém-sarado, desempregado, malvestido e, além do mais, em luta com uma extrema timidez — quem era eu, pobre de mim?

A retrospectiva de Tarsila realizou-se no saguão do Palace-Hotel, na avenida Rio Branco. Enquanto durou, foi muito visitada, não só por jornalistas, artistas e intelectuais, como também por pessoas da sociedade, industriais, banqueiros, políticos, diplomatas. Mas, ao que parece, nada se vendeu. Eu tinha a impressão de que todos aqueles homens, importantes e bem-vestidos, interessavam-se mais pela pintora do que pelos quadros.

Encerrada a exposição, Tarsila permaneceu ainda algum tempo no Rio, como hóspede dos Moreira. Em fins de 1933 ou começo de 1934, não sei mais quem teve a ideia de promover um jantar em homenagem a Jorge Amado, Dante Costa e Peregrino Júnior, autores, respectivamente, dos livros *Cacau*, *Feira Desigual* e *Matupá*, recentemente publicados. A pequena festa, quase íntima, realizou-se num bar-restaurante alemão ou suíço, muito conhecido na época, mas de que não há jeito de me lembrar o nome (seria Alpino?). Sei que ficava na praia do Leme, o bar embaixo, o restaurante no primeiro andar. Tenho ainda comigo uma foto tirada na ocasião, que Aracy Amaral reproduziu no livro *Tarsila, Sua Obra e Seu Tempo*. Em torno da mesa, com Álvaro Moreira à cabeceira, presidindo, vêem-se Murilo de Carvalho, Eugênia, Francisco Adolfo Rosa, R. Magalhães Júnior, Tarsila, eu, Dante Costa, Jorge Amado, Peregrino Júnior, Angione Costa (pai do Dante), Odilo, o jornalista Breno Pinheiro, que morava em São Paulo mas achava-se no Rio, Luiz Pontual Machado e um amigo de Dante Costa, de quem não sei o nome. Sentei-me ao lado de Tarsila. E dissipando a minha timidez com o vinho, foi nessa noite que tudo começou.

Mas eu estava ainda desempregado e morava com meus pais. E Tarsila vivia num vaivém constante entre São Paulo e Rio. Só depois que entrei para *O Jornal*, em outubro de 1944, moramos algum tempo numa pensão familiar, na rua Haddock Lobo, bem perto da rua Zamenhoff, porém meus pais nada sabiam.

Em abril de 1935, fui nomeado para exercer o cargo de Fiscal do IAPC — Instituto de Aposentadoria e Pensões dos Comerciários, recém-criado por Agamenon Magalhães (Ministro do Trabalho de Getúlio Vargas).

Foi então que deixei a casa de meus pais e aluguei um apartamento na rua Marquês de Abrantes, onde Tarsila se hospedava sempre que ia ao Rio e onde começou meu retrato a óleo que iria figurar no I Salão de Maio. (Já havia feito outro, um pastel datado de 1934, enquanto ainda se hospedava na casa de Álvaro Moreira, na pensão da rua Haddock Lobo.) Para pintar o retrato do poeta Felipe d'Oliveira, ela fizera ir de São Paulo o seu cavalete, transportado depois para o meu apartamento. Neste, fez a primeira versão do quadro *As Costureiras*, que só terminaria, bem-modificado, muitos anos depois, quando já estávamos separados.

Em julho de 1936, passei a Oficial de Propaganda e Publicidade, com maiores vencimentos do que os de Fiscal; e, além do mais, fui designado para chefiar o novo órgão de Publicidade criado por Agamenon, com direito a uma gratificação adicional.

Foi mais ou menos nessa ocasião que me mudei para o Edifício Minas Gerais, na rua Santo Amaro, esquina da rua do Catete. Era um prédio novo, que se erguia no mesmo local onde funcionara antes uma das chamadas "pensões alegres" mais conhecidas do Rio de Janeiro. Aluguei um apartamento no sexto andar, com excelente vista para a praça da Glória e o mar. Nesse mesmo edifício moravam o maestro Francisco Mignone e o casal Zenaide-Jarbas Andréia. Quando eu já estava em São Paulo, Mário de Andrade, que se mudara para o Rio, passou a ocupar um apartamento no quarto andar.

Fiquei, no começo, num apartamento que tinha apenas um quarto grande, terraço e um excelente banheiro. Depois, ficou vago um apartamento vizinho e me transferi para ele. Era bem maior: tinha uma grande sala, quarto, saleta de entrada, terraço, banheiro e cozinha. Tomei uma empregadinha, que me servia o café da manhã, fazia o almoço, arrumava a casa, deixava o jantar preparado e dormia fora, pois não havia quarto de empregada.

Tarsila fizera ir de São Paulo alguns quadros da sua coleção, entre os quais a famosa *Torre Eiffel* de Delaunay e o *Violeiro* de Almeida Júnior, que anos depois vendeu ao Museu do Ipiranga. Mas, a rigor, não se pode dizer que morava comigo. Devido à grande crise econômica de 1929, sua fazenda Santa Teresa do Alto, produtora de café, fora hipotecada ao Banco do Estado de São Paulo, que passou a administrá-la. Anos depois, com o reajustamento agrícola promovido durante o governo de Getúlio Vargas, ela se pôs em grande atividade para salvar a fazenda, o que dependia de uma enorme papelada, certidões, requerimentos etc. Além do mais, cuidava também dos negócios do pai. Essas coisas tinham que ser tratadas parte em São Paulo, outra parte no Rio, que era a sede do governo federal. De modo que Tarsila não parava numa cidade nem na outra. Depois de muita luta, muito esforço e muita trabalheira, conseguiu afinal quitação plena para a Santa Teresa enquanto ainda se hospedava na casa de Álvaro Moreira — mas isto só no fim de 1937.

Era raro que ficasse dez dias seguidos no apartamento, permanecendo, com freqüência, uns vinte ou mais, em São Paulo. Estando ela no Rio, uma vez ou outra recebíamos amigos. Mas, na maior parte do tempo, eu ficava só, levando vida de solteiro. O Rio de Janeiro, nesse tempo, com os grandes cassinos em pleno esplendor e a jogatina campeando desenfreada em toda a parte, parecia uma festa permanente. Entretanto, ao contrário do que se possa imaginar, eu passava muitas noites em casa, só; mesmo porque, depois do *Lapa*, estava escrevendo, a todo vapor, outro romance, que se chamaria *A Terra Come Tudo*.

Enquanto isso, o Estado Novo se formava sob o meu nariz e eu só percebi isto muito mais tarde. Na verdade, só depois do fato consumado. No dia do golpe de Estado eu estava em São Paulo. Fora uma conversa que tivera em fins de outubro com Agamenon — em que ele se mostrou ambíguo, reticente e irônico — que me deixou com a pulga atrás da orelha. Não cheguei a imaginar a ditadura, mas tive quase a certeza de que não haveria eleições. Algo de muito grave iria acontecer; não sabia ao certo o que seria, mas coisa boa não era.

Então, assaltou-me um profundo desgosto. Eu não podia admitir para a crise brasileira uma solução de força: os regimes ditatoriais me apavoravam. Desorientado, pedi ao Instituto uma licença, solicitei ao ministro que me dispensasse, e fugi para São Paulo, enfurnando-me numa fazenda. Foi lá que eu soube, em novembro, do golpe.

A fazenda era a Santa Teresa do Alto, de Tarsila, já livre dos ônus da hipoteca e devolvida à sua proprietária. Foi a primeira vez que a visitei.

Em 1937 fui exonerado do cargo de Oficial de Propaganda e Publicidade. Agamenon dissera a Odilo Costa que não se interessava mais por mim porque eu o abandonara num momento em que precisava ter todos os amigos ao seu lado.

É evidente que eu não podia sobreviver com os problemáticos 300 mil-réis de *O Jornal*, quando só de aluguel do apartamento pagava 500. Transferi o contrato a um, aliás uma pretendente, muito interessada no negócio. Os quadros e o cavalete de Tarsila foram despachados para a fazenda. Os poucos móveis que eu tinha vendi, ou melhor, quase dei de presente a um "belchior" da rua do Catete. Encaixotei meus livros, juntei minhas roupas, meus papéis, meus objetos de uso pessoal e, com essa bagagem, retornei, humilhado e envergonhado, à casa de meus pais. Aos 30 anos, voltara à estaca zero.

Mas Tarsila escrevia e telefonava incessantemente, insistindo que eu fosse para a fazenda, ao menos a fim de repousar um pouco, desligar-me de tudo por um certo tempo. Realmente, eu estava fatigado ao extremo. Tinha algumas economias no banco, pois andava pretendendo fazer uma viagem à Europa. Enervado, meio desorientado, sem saber que iniciativa tomar, que rumo dar à minha vida, um belo dia, impulsivamente, decidi: despachei os caixotes com livros, tornei a juntar meus trapos e toquei-me para Monte Serrate, município de Jundiaí (hoje é de Itupeva), onde ficava a Santa Teresa do Alto. Era janeiro de 1938.

Tarsila conheceu Aida e Henrique Pongetti por meu intermédio, quando morávamos no Rio; mas gostou tanto do casal, que o convidou a passar o mês de fevereiro na fazenda, conosco.

Dois meses apenas depois de devolvida à sua proprietária, a Santa Teresa do Alto não estava em condições ideais de receber hóspedes. Não havia luz elétrica. Roupa de cama e mesa não era problema, mas os cardápios, pouco variados, eram quase sempre à base da carne de porco, fresca ou conservada na gordura do próprio animal (o que, aliás, é uma delícia). A água da piscina de cimento não era tratada, mas dava bem para se nadar.

Depois de tantos anos sob a administração do credor hipotecário, que a exercia naturalmente por intermédio de prepostos subalternos, a situação da fazenda não parecia nada florescente. O cafezal, malcuidado, produzia muito pouco — e, além disso, os preços das safras eram baixos. De qualquer forma, como os fornecimentos eram feitos a crédito e o pagamento dos colonos, sob o regime de "terça", fazia-se por meio de "ordens" (vales) a descontar no armazém de "seu" Bruno, a fazenda poderia ir-se agüentando até a safra, se não fosse a tal granja, insaciável sorvedouro de dinheiro. Tarsila empenhou jóias, e até o seu lindo faqueiro de Puyforcart foi para o "prego"; mas isto não bastava. Então, ela teve que recorrer a mim. Como disse, eu tinha algumas economias destinadas a uma viagem à Europa. Fui até o Rio e retirei dinheiro do banco, que, aliás, diga-se de passagem, Tarsila me pagou religiosamente.

Mas, pelo menos momentaneamente, fiquei em péssima situação financeira, pois meu saldo bancário tornou-se muito baixo. As coisas só melhoraram em março de 1938, quando fui designado para exercer, interinamente e em comissão (mais tarde, fui efetivado), as funções de Inspetor Federal de estabelecimentos de ensino secundário no Estado de São Paulo.

Embora designado como Inspetor, eu não podia, no momento, exercer minhas funções, pois não havia em todo o Estado de São Paulo uma só vaga; portanto nada ganhava. Só em julho seria designado para servir "junto ao Colégio de São José de Jaú".

Vi-me, então, obrigado a fazer contínuas viagens a Jaú — o que era extremamente penoso para mim. Ia da fazenda à estação de Monte Serrate, fazendo seis quilômetros a cavalo ou trole. Em Monte Serrate, pegava o trenzinho da Ituana, até Jundiaí, onde passava para um excelente trem da Companhia Paulista; em Itirapina, fazia baldeação para o ramal de Jaú, num trem noturno (eu comprava leito), que chegava a essa cidade de madrugada; os passageiros dormiam na composição parada até 8 ou 9 horas da manhã, quando desembarcavam. Da estação, eu ia a pé para o hotel, que era o melhor da cidade nesse tempo, mas onde certo dia um escorpião se meteu nas minhas calças e só não me picou por milagre.

Eu não pretendia permanecer em São Paulo para sempre. Entretanto, fui ficando... Por quê? Creio que, principalmente, por uma questão de inércia... Mas a razão imediata é que eu não podia deixar Tarsila naquele momento e naquela situação: a

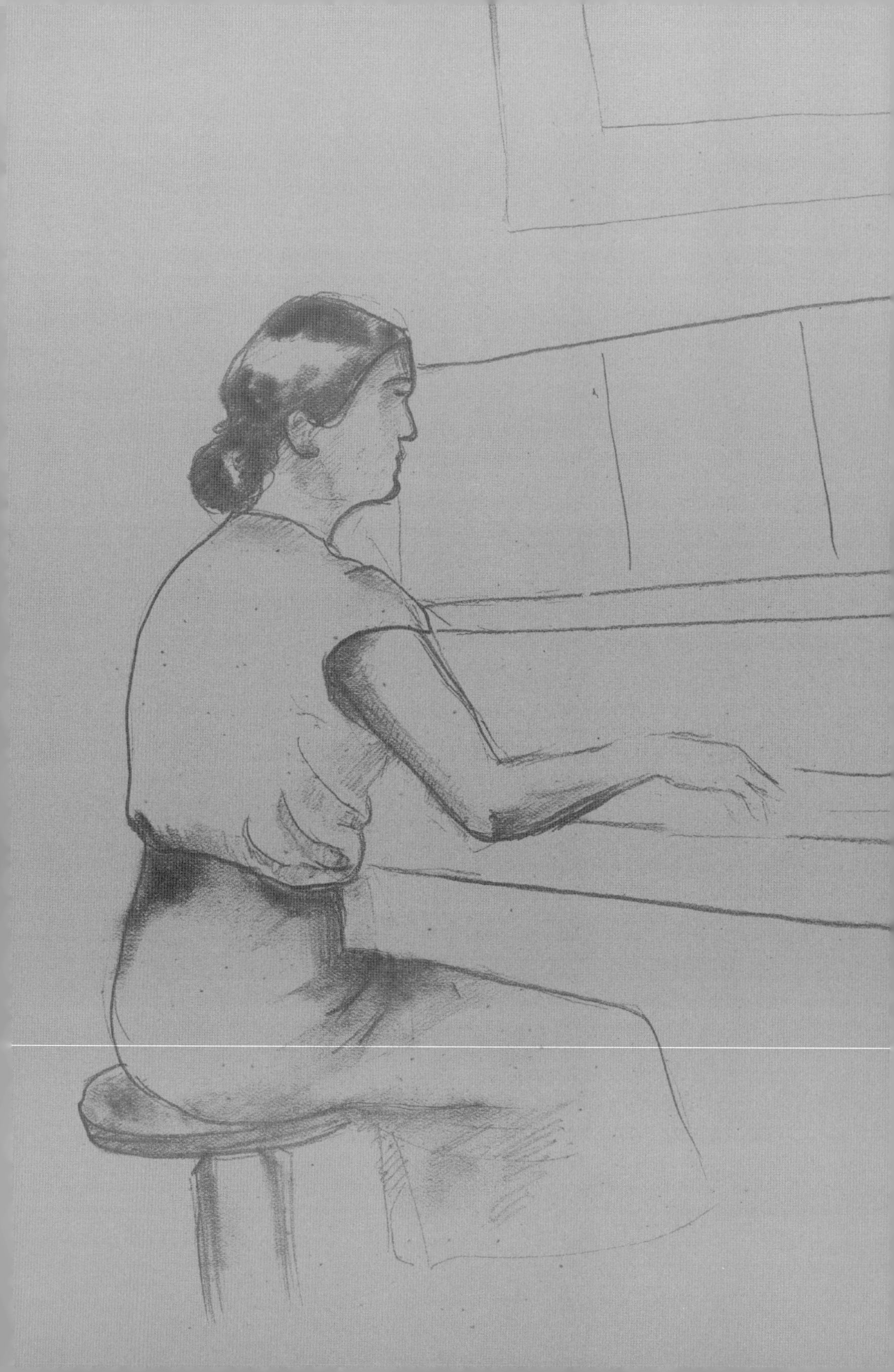

fazenda ia de mal a pior. Os prejuízos causados pela tal granja acumulavam-se assustadoramente. Não obstante a sua inteligência, Tarsila era de uma ingenuidade fora do comum. Eu, de minha parte, nunca tive jeito para negócios, mas certas coisas eram evidentes e só não via quem fosse cego. A fazenda contraiu dívidas.

Afinal, Tarsila apelou para mim, pedindo-me que a ajudasse. Homem da cidade, eu não tinha a menor prática agrícola — e, além do mais, a minha situação, um tanto equívoca, tolhia-me a ação: legalmente, eu não era o dono nem, de fato, o administrador. Podia apenas aconselhar e, guiando-me pelo simples bom senso, orientar: "acho que você deve fazer isso, ou aquilo".

Financeiramente, eu era independente e nunca devi um tostão à fazenda. Os direitos autorais do *Baile de Máscaras* [PEÇA DE TEATRO ESCRITA EM PARCERIA COM HENRIQUE PONGETTI] davam de sobra para os cigarros e outros pequenos gastos. Além do mais, escrevia regularmente para a revista *Vamos Ler*, dirigida por Raimundo Magalhães Júnior; quando ia ao Rio, sempre havia uma certa quantia acumulada à minha disposição. E, a partir de julho, passei a receber meus vencimentos de inspetor.

Tarsila levara para a Santa Teresa do Alto a sua famosa coleção de quadros, além de móveis, roupas e louças. O grande piano de cauda inteira sempre lá estivera e dava um ar nobre ao pequeno salão contíguo à sala de jantar, por ela deliciosamente decorada no estilo "pau-brasil". Mas eu não pretendia, de forma alguma, ficar morando na fazenda, o que provocaria, inevitavelmente, insinuações malévolas por parte dos parentes de Tarsila (e, de fato, provocou).

No fim do ano, alugamos um apartamento em São Paulo. Ficava no sétimo e último pavimento de um pequeno edifício da rua Tabatingüera, esquina da Silveira Martins, bem próximo à praça da Sé: um quarto e uma sala de proporções modestas, banheiro e cozinha. Um simples *pied-à-terre*, bem menor que o meu antigo apartamento da rua Santo Amaro, no Rio. Mas o aluguel, de apenas 350 mil-réis, estava de acordo com os nossos recursos: com os vencimentos de inspetor de ensino, eu podia pagá-lo.

A rua Tabatingüera era, nesse tempo, ocupada em toda a sua extensão por pequenas e misteriosas casas de chá japonesas, onde se serviam comidas típicas e bebia-se saquê a rodo.

À noite, com suas lanternas de papel de seda coloridas às portas dessas casas, a rua Tabatingüera era muito pitoresca, lembrando vagamente China Town.

Em 1940 era interventor em São Paulo o Sr. Adhemar de Barros. Foi ele quem adquiriu de Tarsila o *Violeiro*, de Almeida Júnior, para o Museu do Ipiranga. As negociações se fizeram por intermédio de uma tia da pintora, que se dava com o interventor; e o preço da transação foi de 30 contos de réis. Com esse dinheiro, Tarsila comprou uma casa à rua Caiubi, 666 (lembro-me bem do número, porque era o da Besta do Apocalipse), nas Perdizes. Embora com dois pavimentos, a casa era pequena e desconfortável, bastando dizer que não tinha quarto nem banheiro de empregada; além do mais, a rua, uma íngreme ladeira, não era calçada e, em dias de chuva, os motoristas de táxi recusavam-se a descê-la. A vizinhança era de gente pobre. Mudamo-nos em março de 1940; e lá viveríamos por um longo período, até 1951, com freqüentes idas a Monte Serrate, onde havia maior comodidade.

Na fazenda, recebíamos muitos amigos, do Rio e de São Paulo. Não posso lembrar-me de todos, mas, entre os mais assíduos, citarei Sergio Milliet, Arnaldo Pedroso d'Horta, mulher e filhos, então pequenos, mais tarde Dinah e Luiz Lopes Coelho. Menos freqüentes, Rebollo, Bruno Giorgi, Giuliana Giorgi, Tina (irmã de Sergio), Zora, Rubem Braga, Lúcio Rangel, Lourdes e Lourival Gomes Machado, Scliar, Flexor e família, Aldemir Martins, Flávio de Carvalho. Lembro-me bem de uma ocasião em que estiveram na Santa Teresa, passando uns dias, Carlos Lacerda, Letícia e os dois filhos Sergio e Sebastião; Aparecida e Paulo Mendes de Almeida, Carlos Laino e senhora. Carlos Lacerda era excelente cavaleiro, mas não sabia nadar; e eu, que aprendera a nadar na piscina da fazenda, brincava com ele, por isso. Em compensação, Paulo Mendes de Almeida, que em moço fora campeão de natação, deixava-me longe.

Em 1935, Di Cavalcanti e Noêmia Mourão resolveram fixar residência em Paris. Entretanto, com a invasão da França pelos nazistas, em 1940, viram-se os dois obrigados a voltar precipitadamente ao Brasil, chegando a São Paulo praticamente na situação de refugiados, quase com a roupa do corpo, pois tinham deixado os seus pertences em Paris. Hospedaram-se então conosco na rua Caiubi e pouco depois fomos todos para a Santa Teresa do Alto. Noêmia e Di permaneceram mais de um mês na fazenda, onde o segundo pintou, em telas cedidas por Tarsila, alguns dos seus quadros mais belos e famosos, como o *Nascimento de Vênus* e *Ciganos* (hoje pertencente ao Museu Nacional de Belas-Artes).

Rebollo, que esteve na fazenda uma ou duas vezes, tornou-se popular entre os colonos, não como pintor, mas como jogador de futebol, pois fez misérias nas peladas que disputávamos num campo de terra. Bruno Giorgi, pelo contrário, atuando de goleiro, deixou passar um "frango", pois ficou atemorizado quando viu que o adversário jogava com uma faca na cintura. Era hábito daquela boa gente: até para jogar futebol, não largava a faca, aliás inofensiva.

Tarsila, Luís, Djalma e João Martins

Luís, Giuliana Giorgi, Tarsila, Sergio Milliet e sua irmã, Tina

Tarsila, Giuliana, Tina e Luís. Sentados: Sergio Milliet e Pipoca

Casa da fazenda Santa Teresa do Alto (fundos)

Luís e Tarsila

Luís no terraço de Santa Teresa do Alto

Na piscina de Santa Teresa. No centro, Luís. À esquerda, Arnaldo Pedroso d'Horta e ?

Luís

Luís, Tarsila, Dulce e Juca Varela

Tarsila

Luís, Dulce, Tarsila e ?

Santa Teresa do Alto! Sergio Milliet cantou-a, na *Balada de Monte Serrate*:

"Vou pra fazenda de Tarsila.
O casarão azul e rosa
é cinza na noite quieta..."

Foi lá que vi pela primeira vez, em 1948, aquela que seria, quatro anos depois, minha mulher.

A vida [NOS ANOS 40] não devia deslizar num mar de rosas, mas hoje, quando me ponho a recordar os meus primeiros anos em São Paulo, tenho a ilusória sensação de que ela era uma festa permanente. Não posso deixar de evocar as grandes recepções em casa de Lasar Segall, na vila Mariana, e as animadas festas no "Shangri-lá" de Maurício Goulart, no Pacaembuzinho. Mas eu não me divertia apenas. Pelo contrário, a fim de reforçar o meu orçamento pessoal, exercia grande atividade jornalística, escrevendo, além das crônicas para o *Vamos Ler*, artigos para o *Diário de S. Paulo*, às vezes para a *Folha* e depois também para *O Estado*.

Em 1941, debatia-me meios às tontas num oceano de perplexidades, inspecionando colégios, escrevendo artigos para jornais, dividindo o tempo entre a cidade e a fazenda, sem saber ao certo que rumo daria à vida.

Em 1943, reingressei na cadeia dos Associados (onde já havia trabalhado no Rio) e passei a assinar no *Diário de S. Paulo* uma coluna com o título de "Crônica de arte", que durou anos, até a minha transferência para *O Estado*, e tornou conhecido o meu nome como cronista, para o público de São Paulo. Pois, tendo a obrigação de escrever diariamente, eu nem sempre tinha assunto especificamente relacionado com as artes plásticas; e assim, com freqüência, escrevia sobre coisas que nada tinham a ver com elas.

Como crítico, se não fui o mais competente, fui certamente o mais assíduo, entre os que militavam no setor. Não me cabe, evidentemente, fazer a apologia de mim mesmo. Mas, como as pessoas em geral têm a memória fraca, devo dizer — sem falsa modéstia — que contribuí eficazmente para vulgarizar a arte moderna, lutando contra a incompreensão da maioria do público.

Para se ter uma idéia de como as manifestações mais ousadas da pintura de vanguarda eram pouco consideradas e valorizadas, basta dizer que Tarsila tinha em casa, amontoadas, todas as telas das fases Pau-brasil e Antropofagia — que seriam disputadas depois a peso de ouro —, pois ninguém daria um centavo por elas. Para ganhar algum dinheiro, ela fazia retratos acadêmicos dos convencionais de Itu, copiados de fotografias e destinados ao Museu Republicano daquela cidade, por encomenda do seu diretor, o eminente historiador Afonso de Taunay.

Flávio de Carvalho era considerado, pelas pessoas "bem-pensantes", um mistificador meio aloucado. Di Cavalcanti, devido à sua sedução pessoal e ao bom relacionamento nos meios mundanos, vendia relativamente bem. E Noêmia ganhava dinheiro fazendo retratos de grã-finos. O que, aliás, apesar de toda a sua fama, fazia também Cândido Portinari, no Rio de Janeiro. Os rapazes da "Família Paulista" defendiam-se como podiam, mas quase todos eles exerciam outras atividades, que lhes garantiam a subsistência. Em geral, as pessoas de posses prefeririam ostentar em seus salões uma paisagem de Almeida Júnior, ou uma natureza-morta de Pedro Alexandrino. Apesar de Segall (que não vendia suas obras, mas também não precisava), apesar da rumorosa exposição expressionista de Anita Malfatti em 1917 ("paranóia ou mistificação?"), apesar da

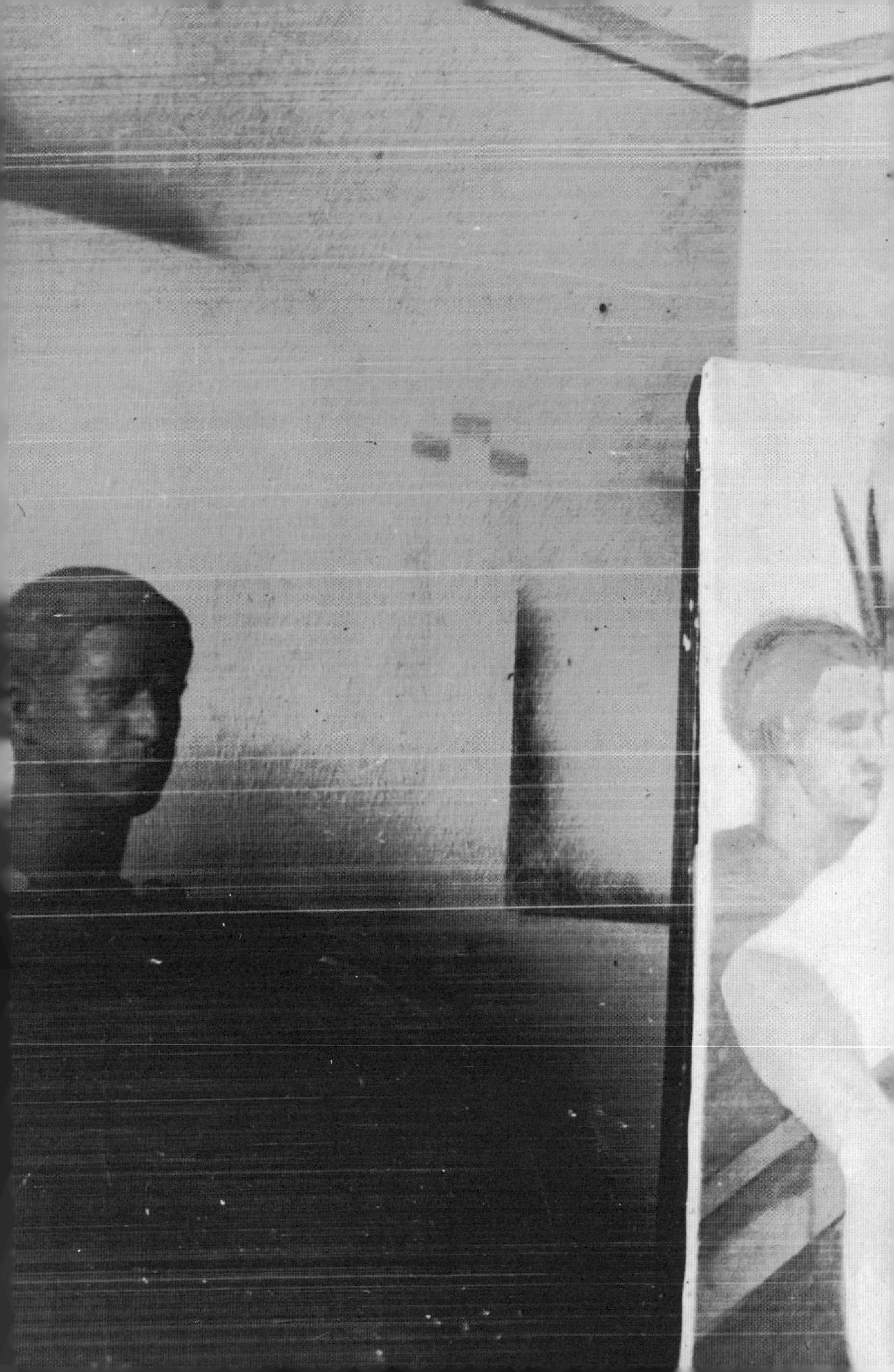

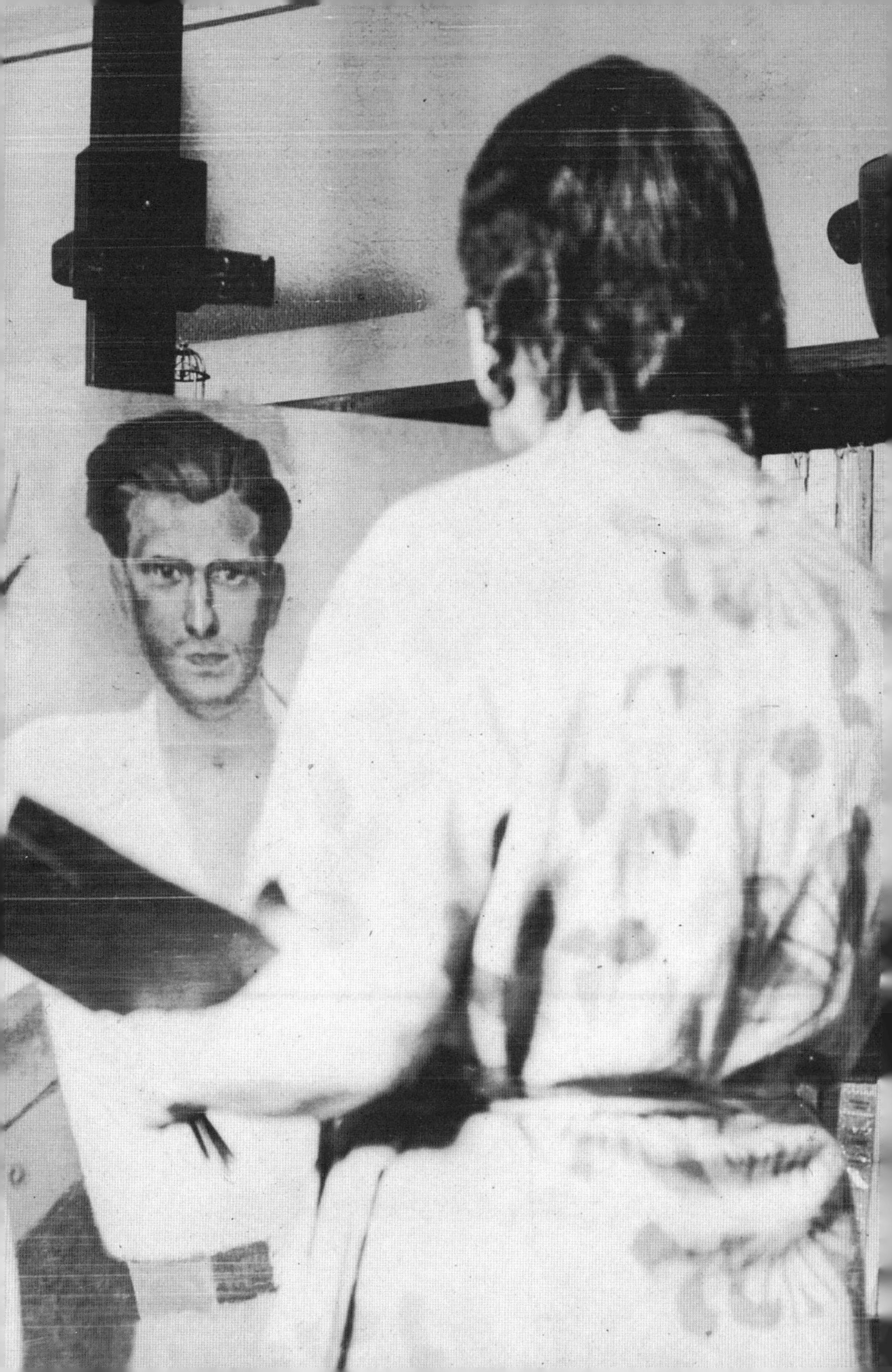

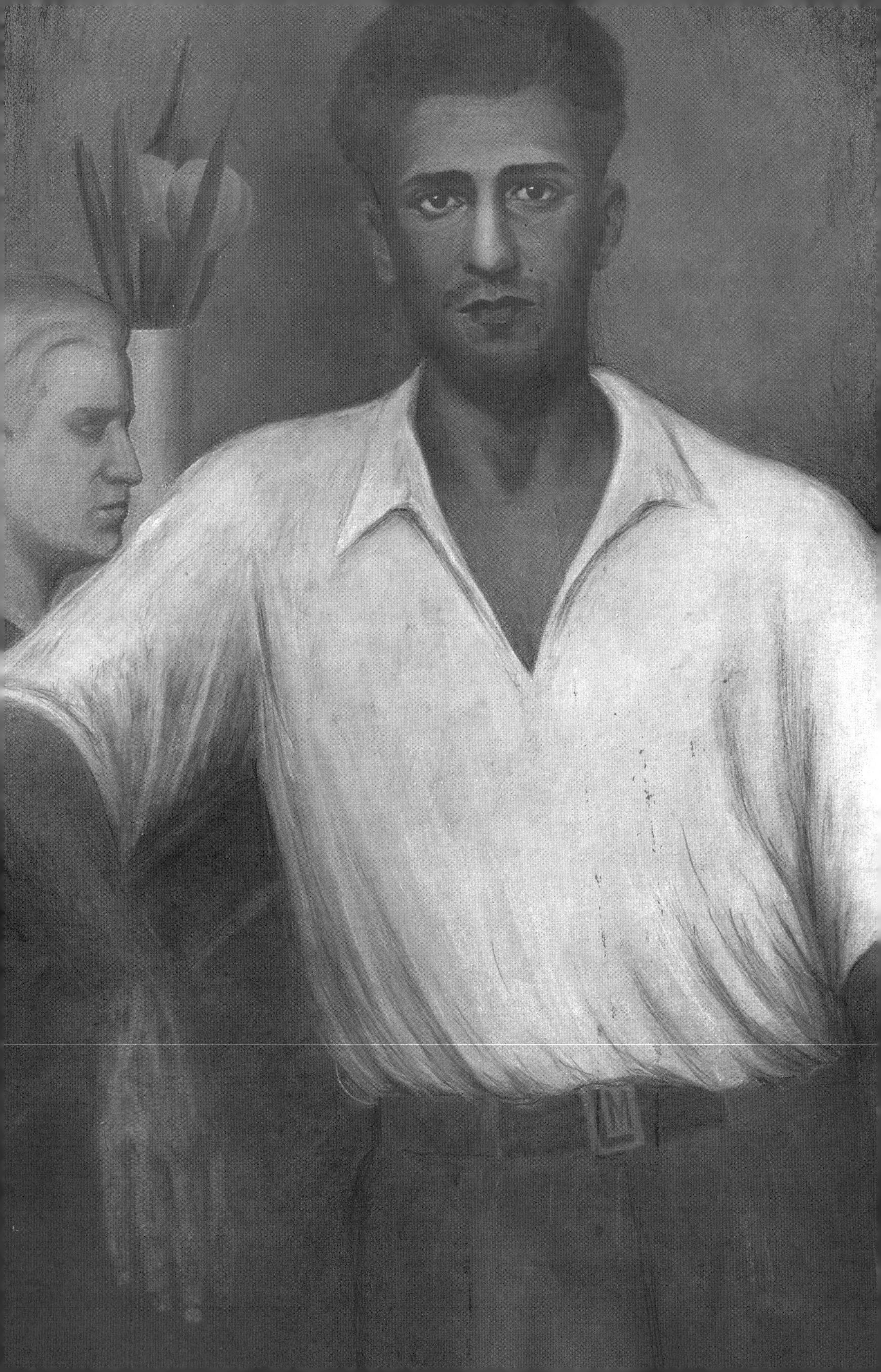

Semana de Arte Moderna, em 1922, no início da década de 40 a arte acadêmica dominava ainda em São Paulo.

Em 1946 deixei os *Diários Associados*. Ia fazer em breve 40 anos e o meu ordenado se congelara, desde 1944, na importância de 1.200 cruzeiros, sem imediata perspectiva de aumento, embora a minha "Crônica de arte" fosse muito lida. Sergio Milliet estava a par da minha situação. E um dia procurou-me para anunciar que *O Estado de S. Paulo* ia criar uma coluna de crítica de rádio (não havia ainda televisão), perguntando-me se eu aceitava a incumbência de escrever uma crônica diária sobre o assunto.

Ora, eu nada entendia de rádio e pouco o ouvia; mas a proposta, em termos de remuneração, era vantajosa para mim. Não hesitei por muito tempo: decorrido o prazo de um mês, comuniquei a Sergio Milliet que aceitava.

A minha rubrica n'*O Estado* chamava-se "Rádio" — e a crônica era assinada e saía diariamente. Mas, como eu não era um ouvinte muito assíduo das emissoras, apelava, às vezes, para a conversa fiada. Mais tarde, um belo dia, em conversa com Júlio de Mesquita Filho, diretor de *O Estado de S. Paulo*, eu tomei a liberdade de lhe dizer que não estava muito satisfeito em ser cronista de rádio. O grande diretor convidou-me, então, para fazer a cabeça de "Sociedade".

Estabelecido de antemão que a minha crônica não seria "mundana", aceitei com alegria o convite; mas, para não fugir à regra dos outros cronistas "sociais", achei que não devia assiná-la; pensei primeiro num pseudônimo, mas acabei decidindo que as simples iniciais do meu nome bastavam; e, assim, surgiu a sigla "L.M.".

Quando *O Estado* se mudou para o prédio novo da rua Major Quedinho [ONDE HOJE ESTÁ INSTALADO O DIÁRIO DE NOTÍCIAS], o Dr. Júlio me fez um novo convite. Anos antes, *O Estado* tivera uma seção, ao que parece muito lida, intitulada "Coisas da cidade". A idéia era ressuscitá-la, sob os meus cuidados. Na realidade, tratava-se de uma simples crônica, de dimensões quase idênticas às da que eu escrevia para a "Sociedade". Como nesta assinava L.M., sugeri a adoção de um pseudônimo, transferindo a sigla para a nova coluna. Mas o Dr. Júlio recusou energicamente a sugestão: "Não, senhor. Os leitores já estão habituados com o L.M. As Coisas da Cidade o senhor assina Luís Martins, se quiser.".

E, assim, passei a fazer duas crônicas diárias, uma como L.M., outra como Luís Martins. E ganhando pelas duas. Fui, em *O Estado de S. Paulo*, o primeiro cronista a ter o nome por extenso sob um título de seção fixa.

Julho de 1948, mês de férias, fui passá-lo na fazenda de Santa Teresa do Alto. Estava eu, pois, absorvido no trabalho, quando, uma bela manhã, inesperadas visitas foram anunciadas: um trole da fazenda das Pedras surgiu no pátio, dirigido por um camarada e conduzindo no assento traseiro Dona Lucia do Amaral Coelho, prima-irmã de Tarsila, e uma sobrinha; acompanhava-as uma jovem amazona, filha de D. Lucia, a qual eu conhecia de nome, pois sabia que havia enviuvado, pouco depois de se casar, aos 20 anos. Chamava-se Anna Maria — e tal foi a avassaladora impressão que me causou, que nessa noite, nela pensando, quase não dormi. Mas não poderia imaginar que esse fortuito encontro iria ter influência marcante e decisiva em minha vida, traçando um novo rumo ao meu destino.

Em 1937 eu me preparava para ir à Europa, com algum dinheiro no banco, quando as circunstâncias a impediram, ou melhor dizendo, adiaram; adiaram por 13 anos. Houve a apreensão do *Lapa*, a perda de emprego, a derrocada financeira, minha vinda para São Paulo; e, pior, e mais dramático que isto tudo, houve a guerra.

Em 1950, a precária e duvidosa pomba da paz pousara outra vez sobre as ruínas ainda fumegantes do mundo. A herança paterna possibilitava a realização da sonhada aventura. Mas eu já não era o adolescente meio alucinado dos bares da Lapa. Não obstante, ainda aspirava com ansiedade pela Europa e, principalmente, pela sua capital, que, a meus olhos de leitor dos romances franceses de capa amarela, era Paris.

Em novembro, estava de passaporte tirado e malas prontas. Antes, porém, nesse mesmo ano de 1950, meti-me em outra aventura: o retorno à poesia, aparentemente esquecida desde o *Sinos*.

As *Cantigas da Rua Escura* apareceram em fevereiro de 1950, com ilustrações de Tarsila. Para surpresa minha, o livro teve uma excelente crítica. Num momento em que a poesia ostentava um cerebralismo requintado e — no dizer de Sérgio Buarque de Hollanda — exprimia-se "em dilúvios de metáforas inéditas", as minhas cantigas eram, pela sua simplicidade, uma nota dissonante. Por isto mesmo, creio eu, agradavam. Mas o tom geral do livro, evidente na maioria das composições, era amargamente irônico, deprimido e angustiado. E isto não era mistificação literária: refletia, de fato, um estado de espírito, uma crise de sensibilidade, uma realidade psicológica e humana. A minha vida esbarrara num "impasse". A mocidade chegava ao fim. E a minha ligação com Tarsila também ia chegando. A "rua escura" das *Cantigas* era a rua Caiubi daquele tempo, no trecho em que morávamos. "Quero evadir-me da rua escura"... Uma viagem à Europa era uma forma de evasão.

Não me lembrei de fazer um diário de viagem, de modo que não sei exatamente o dia em que embarquei. Sei que foi no começo de novembro. Diná e Luiz Lopes Coelho levaram-me no seu carro, com Tarsila, a Santos. Estava emocionado: pela primeira vez na vida entrava num navio, o velho Alcântara, da Mala Real Inglesa.

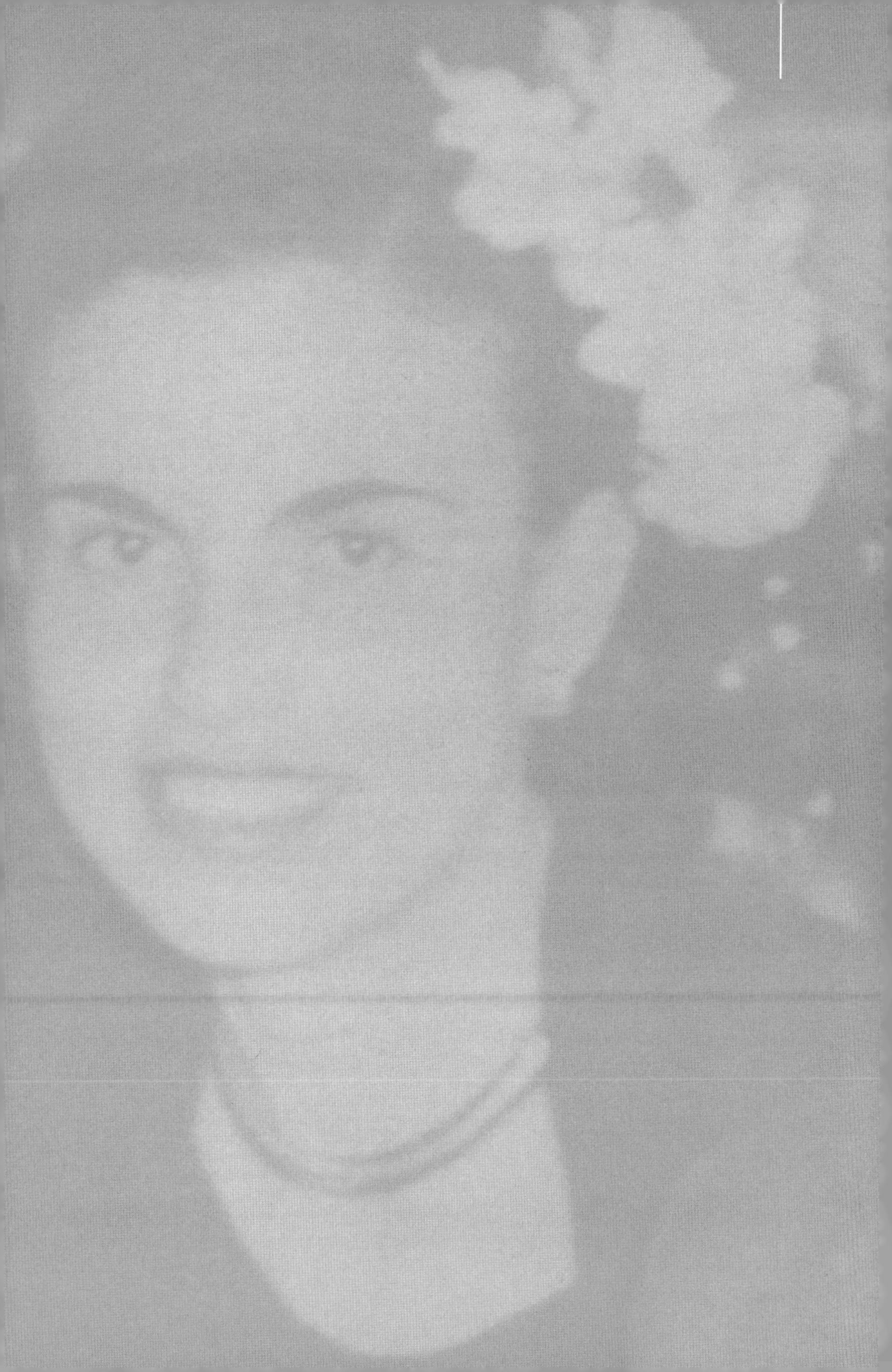

PRESSENTIMENTO DA AURORA

A noite fere, fria e patética,
pássaro cego, minha vidraça.
Música ao longe, vem longe o dia...
Nódoa de lama, melancolia
das longas noites de álcool e fumaça.

Quero evadir-me da rua escura
e do mistério das poças d'água.
Olha os meus olhos, neurastenia,
vê dentro deles a nostalgia
das tristes noites de lodo e mágoa.

Reflexo inquieto das luzes tóxicas
no rumo incerto que a rua traça...
Adeus, cantares de alma vadia!
Pressinto a aurora e não pressentia
no amargo olhar da deusa devassa.

Cansaço e náusea. Estrela no pântano
brilha um momento. Um momento e passa.
Oh! Luz distante, amanheceria?
Deus das auroras, dai-me a alegria
das alvoradas cheias de graça.

CANTIGA DA RUA ESCURA

Olha o buraco. Esta rua é escura.
Por esta banda se vai ao mar.
Mar de recifes e de afogados...
Sinto vontade de me matar!

Não vejo jeito de amanhecer.
Olhos noturnos. Gesto calado.
Joguei na vida. Se não perdi,
Ganhei tão pouco. Deu empatado.

Toque a viola. Esta vida é triste.
Ali na esquina tem outro bar.
Vamos beber que esta noite é longa,
Sem esperança de se acabar...

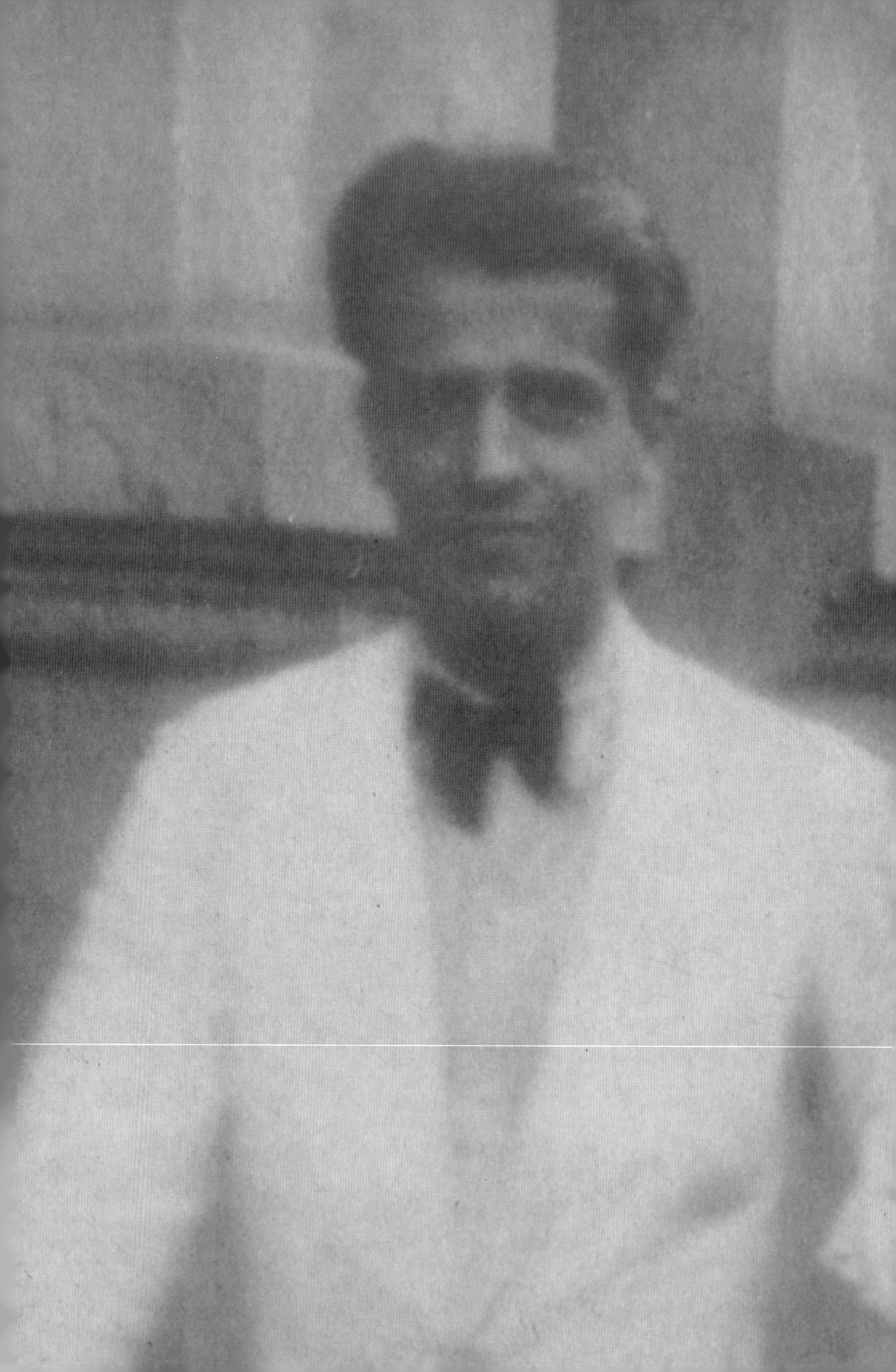

CARTAS DE TARSILA DO AMARAL
NOVEMBRO DE 1950 A JANEIRO DE 1951

Todas as cartas deste período estão manuscritas. A maioria dos envelopes se perdeu, mas tudo leva a crer que Tarsila os tenha remetido sempre para o mesmo lugar, aos cuidados do pequeno hotel onde meu pai se hospedou na França, juntamente com Sergio Milliet, e que acabou adotando como seu quartel-general na Europa: Hôtel Lutèce, rue Jules Chapelain, Montparnasse, Paris.

S. Paulo — 13-Nov. 1950 — às 5 ½ da tarde.

Luis querido,
Estou escrevendo com lágrimas nos olhos. Sinto-me triste com sua partida, apesar de reconhecer todo o bem que essa viagem fará a você. Nós todos, Luis Coelho, Diná, Dulce e eu, ficamos comovidos com a despedida e depois que o vapor partiu fomos com Ana Maria [NA ÉPOCA COELHO DE FREITAS] à casa dela, de onde saímos às 7 horas. Chegamos a S. Paulo às 10 horas, debaixo de chuva. Antes de sairmos de Santos Luis Coelho mandou consertar o pneumático que se estragou. Já mandei pela Eulália as suas duas cartas ao correio e os papeis pª o Darcy já foram entregues ao Djalma [DARCY E DJALMA MARTINS, IRMÃOS DE MEU PAI]. Todos os papeis e os livros esparsos estão empilhados e cobertos; sua mesa está em ordem. Espero que o muito trabalho que me sobrecarrega faça passar o tempo depressa. Vou mandar esta carta daqui a alguns dias e fico à espera de notícias suas.

18-Novembro — Você deve ter recebido meu telegrama na Baía. Depois que passei o telegrama, 2 dias depois de sua partida, fiquei melhor da angústia que estava sentindo com sua ausência. — A entrevista com o Mário da S. Brito correu muito bem. Muitas fotografias, algumas coloridas. Antes da publicação o

Mário, conforme hábito dele, virá mostrar-me o que escreveu. — O Lourival [GOMES MACHADO] adiou m/ exposição para o dia 18 para dar-me uma sala a mais. Tenho trabalhado muito. Telefonei ao Silvio Candelo. Irá no dia 24 à fazenda e eu também. Telefonei há pouco ao Geraldo e ele disse que o Batista está contente e que tudo corre bem na fazenda. O Silvio tinha compromisso anterior e por isso marcamos o dia 24. Hoje, sábado, pela manhã, encontrei-me com o Silvestre [JEAN PAUL SILVESTRE, ENTÃO ADIDO CULTURAL DA FRANÇA NO BRASIL]. Deu-me um álbum valioso com belíssimas reproduções artísticas a côr. Manda dizer que envia "um gigantesco abrraço parra ele... otro parra Sérgio, son complice". Ha 2 dias fui ver a Lourdes Milliet que até agora não teve notícias do Sergio. Ela pede a você que mande notícias dele. — Veio hoje parar aqui uma carta sua a Didi [APELIDO DE NADIR, IRMÃ DE MEU PAI] que hoje mesmo remeterei ao Rio. — Luisa [ANTIGA EMPREGADA DE TARSILA] continua rezando por você. Dulce manda um abraço. — Transmite seus agradecimentos aos nossos amigos L. Coelho e Diná. Ao receber sua carta, telefonei ao Djalma.

Divirta-se bastante sem preocupação que aqui vai tudo bem. Um abraço meu para o querido Sérgio e outro para o nosso Rubem [BRAGA].

Esperando novas notícias, envio meu coração cheio de saudades.

Truly*

---

* TRULY (PRONUNCIA-SE "TRULÍ") ERA UM ANTIGO APELIDO FAMILIAR DE TARSILA, NO QUAL OSWALD DE ANDRADE MUITO PROVAVELMENTE SE INSPIRARA ANOS ANTES PARA CRIAR O ACAIPIRADO BABYTALK "TROLYR", COM O QUAL A DESIGNAVA (COMO DULCE ERA "DOLOUR"; NONÊ, "NONER" ETC.).

18-11-50 — às 19 h. Telefonando a Maria Eugênia [FRANCO], soube que o Sergio escreveu a ela dizendo que vai ficar porque achou as condições muito boas. Soube também que o Newton de Freitas seguiu para aí.

Peço a você (ou ao Sérgio) verificar o valor dos meus 2 volumes das Ruinas de Pompéia porque desejo vendê-los. Preço em francos e em cruzeiros. Perdoem-me o trabalho.

S. Paulo — 19-11-50 — domingo
Luis muito querido,
Estava triste esta manhã, pensando em você, quando recebi sua carta da Baía. Fiquei contente com as suas "muitas, muitas saudades".

Estou trabalhando loucamente. Não tenho um minuto para nada. Vou sair para levar esta ao correio. Ja estava fechada desde ontem e eu tive de abri-la de novo porque não tenho um envelope aéreo em casa. Hoje é domingo e não posso comprar nada. Vou entregar amanhã cedo o artigo ao Alcântara Silveira, assim como seu poema q. ja copiei. O catálogo do Salão de Maio, que o Sergio disse que entregou a Maria Eugenia, não está com ela. Mª Eugenia, gentilíssima, mandou o dela hoje por um chauffeur, visto eu precisar dele para consulta. M. Eugenia acha que tem mais um e, se o encontrar, me fará presente dele. Eu me responsabilizo pelo seu.

Adeus, meu querido Luis, abraços, beijos e o coração saudoso de

Truly.

S. Paulo — 29-Nov. 1950

Luis muito querido,
Em pensamento estou acompanhando sua viagem. Ontem recebi com muita alegria sua carta-diário terminada na véspera da chegada a Lisboa. Acabo de telefonar ao Luis Coelho para fazer inveja com os wiskys baratos que você tomou a bordo. Não está no momento (são 2½ h.). Telefonarei mais tarde. No dia 24, conforme escrevi a você, fui à fazenda, lá me encontrando com o Sylvio Candello que deixou o motor funcionando bem, voltando ele a Indaiatuba no mesmo dia. O defeito estava nas válvulas: o Dito tinha mexido, conforme ele mesmo contou depois que o Sylvio disse que tinham mexido e deixado alguns parafusos bambos. O Dito "descombinou" com o pai porque não queria obedecer e ir buscar na estação o tambor de óleo que tinha chegado! Agora ele está arrependido. Foi trabalhar na pedreira de Quilombo, trabalho pesadíssimo, e foi muito difícil arranjar casa. Com muito custo ficou morando no Sertão [A FAZENDA ONDE TARSILA PASSARA A INFÂNCIA E QUE AGORA PERTENCIA A SEU IRMÃO], pois o Luis, meu irmão, não dá e nem aluga casa mas fez uma exceção. No dia seguinte à minha chegada, Dulce e mais 2 amigas foram à fazenda de automóvel. Voltamos 2ª feira, trazendo cestas de jabuticabas, daquelas colossais, que estavam uma delícia.

O Dierberger [EMPRESA QUE COMPRAVA FRUTAS DE PROPRIEDADES RURAIS PARA REVENDER NA CAPITAL PAULISTA] ja recebeu duas remessas que renderam até agora 133 cestas, 1.540,00 brutos. Estes dias, depois de minha volta, deve ter ido mais. Achei a fazenda em ordem. A Zilda foi cozinhar os dias que lá estivemos. Paguei a ela 10,00 por dia mais uma gorgeta e ela ficou muito contente. Disse-lhe que depois que você voltasse poderíamos combinar um preço por mês.

Dulce, a quem falei da sua carta, manda muitas lembranças a você e ao Sérgio. Luisa continua rezando todos os dias para você ser feliz na viagem.

O que prometi a você tenho cumprido: fui jantar um dia com Luis Coelho, Diná, Bruno Giorgi e o [MURILO] Miranda. Fui trazida de automóvel para casa e, na 4ª feira passada, jantei em casa de Lucinda [IRMÃ DE SERGIO MILLIET]. O António [DE MOURA ALBUQUERQUE, MARIDO DE LUCINDA] me trouxe.

Quanto à minha exposição ["TARSILA: 1918-1950"], vai tudo m^{to} bem, sem atraso. — Hoje é o 3º dia que você está em Paris. Imagino sua alegria! Você deve ter recebido a carta que foi aos cuidados do Rubem. Fico à espera de seu novo endereço para remeter esta. Estou escrevendo minuciosamente porque você me pede. Não estarei caceteando com essas coisinhas de fazenda, quando você se acha nesse formidável Paris?

Se houver oportunidade, peço-lhe que se informe do quanto valerá a minha "Torre Eiffel" [UM DOS QUADROS MAIS FAMOSOS DE ROBERT DELAUNAY, HOJE PERTENCENTE AO ART INSTITUTE DE CHICAGO] de 1911, medindo 1^m,62 x 1^m,33 e o Léger, 1921. Outra notícia da fazenda: o Batista justou uma ótima família de 3 camaradas (a família que substituiu o Dito) porque o José do Salvador também saiu naqueles dias. Estão arando grande extensão em frente à horta, plantando café, milho e feijão. O Pierin vai plantar tomate à terça, sem prejudicar o serviço do cafezal. Vou agora ao Museu de A. M. acertar umas coisas com o Lourival que está fazendo tudo pelo êxito da minha retrospectiva. Se não fosse protelar sempre minha exposição, teria esperado sua volta.

Tarsila com o quadro de Delaunay ao fundo

4-12-50 — Continuo esta à espera de carta sua. Lourdes Milliet me telefonou assim que recebeu a 1ª carta do Sérgio. A semana passada escrevi sobre o Presépio Napolitano [O ARTIGO FOI PUBLICADO NO **DIÁRIO DE S. PAULO** DE 26/11/1950] e fiz uma boa referência a ela. — Quarta-feira passada (29-11) fui outra vez jantar com Lucinda, lá me encontrando com o Luis Coelho, Diná e o habitué Tamagni [CARLO] que me disse pretender escrever a v., quando chegasse seu endereço, pedindo uma revista. — Lourdes Milliet escreveu ao Sérgio mandando a carta para o Consulado. Em casa de Lucinda fala-se muito no Sergio: as saudades são muitas. — Sábado passado (2-12) estive numa reunião em casa do Warshavchik [GREGORI WARCHAVCHICK, O ARQUITETO]. Preciso aproximar-me de m/ amigos. Tenho encontrado tanto carinho por parte deles que estou perdendo meu complexo de inferioridade que dura mais de 10 anos. Os jornais têm anunciado minha exposição até em Santos. E mesmo o rádio, conforme me disse m/ costureira. Não sei quem está fazendo isso. Noticiou-se na Difusora e Bandeirante. Todos estão prometendo ir ao vernissage. Se for a metade, ja está ótimo. Estou sentindo que vou trabalhar muito em pintura, mesmo durante a exposição. Tomei gosto.

Se você não tiver tempo de fazer o que pedi (informação sobre preços de livros, quadros, talheres de prata) não se incomode. Acima de tudo a viagem deve ser agradável para você. Mande-me dizer sua impressão sobre os artistas novos daí.

Em casa do Wasshavchik todos perguntaram por você. Segall e Geny amabilíssimos. Disse-lhes que v. me encarregou de fazer as despedidas que v. não fez por falta de tempo. Menotti del Picchia, amável, exuberante, trouxe-me pª casa de automóvel. Como v. vê, não falhei com o prometido: não vir tarde pª casa s/ ser acompanhada.

Agora, <u>meio-dia</u>, recebi sua carta de Paris. Podes avaliar com que emoção a abri. Fiquei tão contente com as notícias, vendo que, apesar das atrações parisienses, você pensa em nós e tem saudades. Já vou telefonar ao Djalma e a Lourdes Milliet dando o endereço do Sergio. — Não se preocupe com a vidinha daqui. Tudo vai bem. Como a vida está m^{to} cara aí, não se importe com as encomendas, salvo, é claro, as de Luis Coelho e Tamagni. Não se esqueça de mandar um cartãozinho a Ana Maria Coelho de Freitas — Rua Cira, 4 — Santos. Se v. com o Sergio e o Rubem (que não a conhecem) mandassem um cartão em colaboração, ela ficaria encantada. Mandem lembranças tambem ao Brotinho, Antonieta [MONTENEGRO], que tambem foi ao seu bota-fora [UMA PEIXADA EM SANTOS]. — Juntamente com a s/carta veio uma do Dierberger com a conta de 1.345,00 por mais 65 cestas de jabuticabas. Isto é de facto uma carta minuciosa! No dia de m/ vernissage, 19 de Dezembro, mandarei um pensamento de saudade para você, na hora das fotografias. Os quadros das coleções particulares, Morro da Favela, Caipirinha, etc. já estão no Museu. E me causaram muito boa impressão depois de tantos anos sem vê-los.

Dulce manda um abraço para você e outro para o Sérgio.

Interrompi esta pª telefonar a Lourdes Milliet, dando o endereço do Sergio. Imagine que ela não mandou a carta escrita ha dias pª o Consulado porque ninguém sabia o endereço. Ela ficou contente c/ minha informação. Ja dei o endereço também a Lucinda.

Preciso agora passar no Museu para ultimar o arranjo do catálogo. O Lourival disse q. minha exposição precisa durar um mês sem contar os feriados. Se se prolongar até os primeiros dias de fevereiro, você poderia alcançá-la. Enfim, isso é uma idéia q. me veio agora. Quem sabe se você estaria aqui para o encerramento?

Bem, vou terminar. Um abraço para o Rubem e o nosso Sérgio.

Aí vai meu coração com muitas saudades, desejando para você tudo que ha de bom.

Truly

Logo escreverei dando a data do encerramento da exposição.

São Paulo, 20-12-50

Querido Luis

Já tinha passado vários dias sem escrever (por muito trabalho) quando recebi, no dia 13, sua carta com a crônica que levei ao Estado. O Julinho [JÚLIO DE MESQUITA FILHO] vai publicar na página de arte. (Não sei se saiu — vou verificar). Pois a tal crônica, na qual você falava de "um dos instantes mais felizes que vivi em Paris" me deixou tristíssima muitos dias. Escrevi várias cartas e as rasguei. Escrevi mais uma que talvez eu mostre a você e que não mando. Depois resolvi esquecer a Maison de l'Amerique Latine e cuidar da m/ exposição. Ontem foi um dia triunfal pª mim. O imenso salão do Museu estava repleto apesar da pouca publicidade. Muitas vendas. Muitos autógrafos nos catálogos que ficaram lindos assim como os convites com desenhos meus. Apresentei-me bem vestida e de chapéu, motivo pelo qual o nosso querido Luis Coelho disse que eu não era "dereita" porque esperei você ir-se embora para me embelezar.

    Recebi cestas de flôres. Depois de terminado, Luis Coelho me ofereceu uma recepção para inaugurar o apartamento que está lindo.

    O Tamagni foi emissário nosso para pedir ao Lourival para prolongar a exposição por 15 dias e esperar você. Lourival, que foi um presidente de Museu ótimo, concordou, pedindo que animássemos o Museu, que não deixássemos o interesse morrer.

O João Leite me trouxe para casa às 2 da manhã. Arnaldo, Raquel [PEDROSO D'HORTA] e Augusto Rodrigues ficaram no apartamento de Luis Coelho, provavelmente até de manhã.

Rino Levi marcou para o dia 9 de Janeiro uma homenagem a mim. Um coquetel à primeira presidente do Clube dos Artistas.* [REINALDO] Bairão e Darcy Penteado queriam fazer um coquetel no vernissage mas eu pedi que ficasse para o encerramento.

Espero que a guerra** não seja logo e que você aproveite sua viagem sem voltar com precipitação. Estamos à espera do Sergio. Hoje é 20. Ele deve estar no Rio. — Tenho sido alvo de tanto carinho e tanta consideração que eu mesma ignorava ser assim tão querida. Muitos artigos ja sairam sobre a exposição. Termino. Aqui ficamos com muitas saudades esperando sua volta. Na fazenda tudo bem. Abraços e beijos de

Truly

---

*REFERE-SE AO FAMOSO "CLUBINHO", LOCALIZADO NO SUBSOLO DO INSTITUTO DOS ARQUITETOS DO BRASIL, NA RUA BENTO FREITAS, FREQUENTADO POR ARTISTAS, INTELECTUAIS E PROSTITUTAS DA REGIÃO.

**COM A ENTRADA DE ESTADOS UNIDOS E CHINA NOS COMBATES ENTRE COREIA DO SUL E COREIA DO NORTE, TINHA-SE PRATICAMENTE COMO CERTA A DEFLAGRAÇÃO DE UMA NOVA GUERRA MUNDIAL. OS ÂNIMOS SÓ SE ACALMARIAM EM MARÇO DO ANO SEGUINTE, COM O AFASTAMENTO DO GENERAL MACARTHUR PELO PRESIDENTE TRUMAN.

Soube agora pela Lucinda q. o Sérgio chegou dia 18 no Rio e só virá a S. Paulo daqui a uns 3 dias. Estou curiosa para saber notícias suas.
    Tomei assinatura do "O Estado".

[BILHETE]

Recebi hoje, 20, sua carta de 15. Diante do seu carinho, suprimo o que disse a respeito da "Amérique Latine". Não há tempo para outra carta. Esqueço <u>completamente</u> meus ressentimentos! Estou no Museu. As vendas continuam.
    Adeus. Aí vai meu coração cheio de saudades.
    Truly

Recebi hoje, 20, sua carta de 15. Diante do seu carinho, suprimo o que disse a respeito da "Amérique Latine". Não ha tempo para outra carta. Esqueço completamente meus ressentimentos! Estou no Museu. As vendas continuam.

Adeus. Aí vai meu coração cheio de saudades. — Truly.

M. Luis Martins
5 Rue Jules Chaplain
Hôtel de Lutèce
Paris VI

VIA AÉREA
PAR AVION

UM JOGO DE FUTEBOL

Paris, 8 dezembro — Neste momento há em Paris muita coisa importante em que pensar: há a situação internacional, que cada manhã causa um arrepio na espinha dos leitores de jornais; há o rumoroso processo David Rousset contra "Lettres Françaises", uma espécie de reedição do caso Kravchenko; há o Natal; há o frio, que começa bravo; há a exposição de arte sacra no Museu de Arte Moderna; e há ainda, para um sul-americano solitário perdido neste mar de sensações novas, mil pequenas solicitações, mil pequenos problemas esparsos na atmosfera da cidade imensa. Por exemplo, em que restaurante vamos jantar hoje? E, amanhã, a que teatro deveremos ir?

Pois tudo isso esquecemos ontem, para apenas pensarmos no jogo de futebol do Atlético Mineiro contra o Stade-Red Star. Almoçamos — um pequeno grupo de brasileiros friorentos — num pequeno "bistro" próximo do campo. Nevava e chovia. E a neve, e a chuva e o frio (alguns graus abaixo de zero) nos enchiam o coração de inquietude pela sorte dos pobres rapazes de Belo Horizonte, cujas últimas calorias brasileiras iriam certamente se "desmilinguir" no campo enxarcado e inóspito. Pois os rapazes venceram. Foi realmente para todos nós, como diria Mário de Andrade, uma "satisfa" imensa. Não pensem os leitores brasileiros que não havia uma "torcida" nacional. Havia. Reduzida, é verdade, mas que gritou mais e fez maior barulho que a dos franceses. E até um "chorinho" apareceu, com pandeiro e reco-reco, organizado pelos estudantes do Quartier Latin.

Mentiria, se dissesse que foi um grande jogo. Mais do que isso, foi um milagre. Um milagre, que aqueles jovens sumariamente vestidos num clima daqueles, pudessem sair todos vivos do campo, pois mesmo na arquibancada coberta, embrulhados nos sobretudos, nós batíamos os pés enregelados. O Senhor do Bonfim velou por nós. E, mais uma vez, salvou-se a Pátria.

No fim da partida, fomos ao vestiário. Havia grande alegria, muita fumaceira e muita irritação também. Na verdade, dava pena ver o estado em que ficaram alguns jogadores. A imprevidência do Atlético justificava a revolta. Não havia camisas de reserva e os rapazes tiveram que entrar no campo, para o segundo tempo, com os mesmos uniformes enxarcados do primeiro. Nenhuma proteção eficiente contra o frio. Ah! A eterna desorganização nacional! Aquilo oferecia à gente, em pleno Paris, uma saudosa imagem da Pátria...

Hoje, toda a "equipe" mineira almoçou na Maison de l'Amerique Latine uma feijoada oferecida pela embaixada. Aconteceu que o casal Jorge Alves de Lima, reunindo alguns amigos brasileiros, oferecia, à mesma hora e no mesmo lugar, uma idêntica feijoada à cantora Susy Solidor,* que esteve recentemente no Rio e em São Paulo. Sergio Milliet, Rubem Braga e eu fazíamos parte do grupo. No fim do almoço, alguém pediu à famosa "vedette" que cantasse, o que aquiesceu em fazer, com uma simplicidade encantadora. Comovidos, os rapazes de Minas resolveram entoar, em homenagem a Susy Solidor, algumas cantigas da terra e posso-vos assegurar, senhoras e senhores, que o fizeram excelentemente. Os ares cinzentos de Paris encheram-se por um momento do calor dos trópicos, e a nostalgia, a doçura, o embalo e a meiguice dos sambas nos deram a ilusão da proximidade do Brasil. Com um piano, uma garrafa vazia e algumas caixas de fósforos, improvisou-se uma orquestra regional. Foi, positivamente, um instante dos mais agradáveis que vivi em Paris.

É talvez estranho que, para esta primeira crônica escrita do estrangeiro, eu tenha escolhido como assunto um "match" de futebol. Na realidade, porém, foi o Brasil que escolhi. Ao sairmos da Maison de l'Amerique Latine, todos nós o sentíamos no sangue, como um elemento enternecedor e reconfortante.

L.M.

*A BELA CANTORA DE VOZ GRAVE QUE FEZ SUCESSO NOS CABARÉS PARISIENSES DA DÉCADA DE 1930.

S. Paulo - 28 - Dezembro - 1950

Luis muito querido, recebi ontem sua carta de Roma após sua chegada e, portanto, sem pormenores. Estou sem pensamento junto de você. Penso que você assistiu, dia de magníficas festas do encerramento do Ano Santo. Estou t[...] você vai visitar algumas das pequen[...] italiana [A]ssis, Perugia, etc) antes de [...] tambe[m] [...]ais se ocuparam [...]igo você [...]a vi[...] se ante[s] [...]? De[...] ão tem [...]ara o[...] ssário, [...]mpra[...] em ou[...] [...]inha [...] [...]amas [...]eremos [...]proveit[...] [...]ua viag[...] segu[...] [...]rnissage[...] não [...] [...]nsideraçã[...] [...]ica [...]tive, bra[...] carta [...]squei e as [...] das [...]or exemplo [...] est [...]ito uma [...] q [...]guntou p[...] o [...]esmo, pois [...] ora [...]ssimos. Ele [...] [...]ma eloquên[...] [...]res [...]. Dei seu en[...] [...]ris. Ele deve [...] a Suíça e irá a Paris em [ja]neiro. [...] contínuo m[to] importante: as crítica[s] m[to] boas, continuam saindo. O Bardi comprou "2[ª] [pa]ra o Museu de Arte (10.000,00); a "Negra" está reservada p[ª] [...] Arte Moderna (30.000,00); Segall comprou a paisagenzinha "[...]23 (4.000,00); Oswald comprou "Sono" e "Primavera" ou "O [...]me o batismo do Sérgio (15.000,00); a "Procissão" + ou - a[...] [co]m um amigo de Lourival e Maria Eugênia vai hoje e [...]00,00 de desenhos p[ª] a Biblioteca. Até fins de Janeiro [...] muitos outros negócios, pois sei que ha pretendentes. [Sé]rgio foi à exposição. Não me telefonou. Senti não [...]

S. Paulo — 28-Dezembro-1950

Luis muito querido, recebi ontem sua carta de Roma, logo após sua chegada e, portanto, sem pormenores. Estou sempre com o pensamento junto de você. Penso que você assistiu, dia de Natal, às magníficas festas do encerramento do Ano Santo. Estou torcendo pª que você vá visitar algumas das pequenas cidades italianas (Siena, Assis, Perugia, etc.) antes de sua volta a Paris. Aqui tambem os jornais se ocupam muito da guerra. Em caso de perigo você não poderia vir em outro navio da Mala Real que saisse antes do dia 20? De qualquer maneira, como você diz que não tem dinheiro para outra passagem, eu remeteria o dinheiro necessário, ou antes, compraria aqui sua passagem de volta, mesmo em outra companhia de navegação. Isso tudo se faria com telegramas. Mas esperemos que nada disso seja necessário e que você aproveite bem sua viagem. Na m/ carta anterior, enviada no dia seguinte ao do vernissage, mandei uma nota pedindo a você não levar em consideração o que eu dizia a respeito de sua crônica, Amérique Latine, brasileiros, etc. Eu ja havia escrito diversas cartas que rasguei e assim muitas notícias não foram transmitidas. Assim, por exemplo, numa delas eu contava que Romero Brest tinha feito uma série de 5 aulas interessantíssimas. Assim que chegou perguntou por mim e quiz ver m/ trabalhos.

Viu-os no Museu mesmo, pois os quadros ja estavam lá. Muitos deles foram apreciadíssimos. Ele e senhora são simpaticíssimos. Romero Brest é de uma eloquência admirável, é charmant. Dei seu endereço em Paris. Ele deve ter seguido pª a Suiça e irá a Paris em fins de janeiro. — Eu continuo mtº importante: as críticas, aliás mtº boas, continuam saindo. O [PIETRO MARIA] Bardi comprou "2ª Classe" para o Museu de Arte (10.000,00); A "Negra" está reservada pª o Museu de Arte Moderna (30.000,00); Segall comprou a paisagenzinha "Rio", de 1923 (4.000,00); Oswald [DE ANDRADE] comprou "Sôno" e "Primavera" ou "O Beijo", conforme o batismo do Sérgio [AMARAL, SOBRINHO DE TARSILA] (15.000,00); a "Procissão" + ou − apalavrada com um amigo do Lourival e Maria Eugênia vai hoje escolher 1.000,00 de desenhos pª a Biblioteca. Até fins de janeiro espero fazer muitos outros negócios, pois sei que ha pretendentes. Soube que o Sérgio [MILLIET] foi à exposição. Não me telefonou. Senti não ter, por intermédio dele, notícias suas. Ele tenciona voltar, pelo que soube da casa de Lucinda, a 15 de Janeiro, caso a guerra não se declare.

  Na m/ última carta, eu dizia que tinha tomado assinatura do "O Estado" porque tencionava fazê-lo naquela mᵐᵃ tarde. Não tomei porque preciso ir à redação pª ter um abatimento em seu nome. Hoje sem falta tratarei disso. Ontem, na agência, corri todos os jornais depois que levei sua crônica ao Julinho. Ele disse que sairia na secção de arte. Entretanto nada encontrei. Talvez com a pressa eu não tivesse visto bem. O [AUGUSTO FREDERICO] Schmidt substituio você e escreve

quase diariamente. Os jornais todos estão em crise de papel: não há espaço. Vou à fazenda no dia 30 deste fazer pagamento. Tudo vai bem. No dia 24 deste faleceu minha tia Alzira que foi enterrada a 25. Tio Joãozinho tristíssimo mas a casa continua cheia de amigos que o consolam. Tenciono voltar da fazenda a 31 de manhã. Passarei o réveillon com Dulce em casa do Milton [AMARAL, SEU IRMÃO]. — Se você se lembrar, peço trazer-me uns 2 (ou 3 conforme o preço) tubos grandes de "Violet de cobalt clair" de Lefranc, a óleo. Aqui não ha. Estou continuando a pintar e no meio do ano, 7^{bro}, 8^{bro}, farei outra exposição com as telas que não couberam no Museu além de outras novas. Tomei gosto pela pintura outra vez. Se você não puder trazer não ficarei aborrecida. O Violet de Cobalt deve ser "clair" (pode trazer para decoração, é mais barato), quase ciclamen. O escuro se encontra aqui. Ontem saiu a reportagem de Mário da Silva Brito na revista do Globo. Ótima. Pedi ao Rino Levi que transferisse a homenagem a mim p^a o encerramento da exposição. Assim você estará aqui. Ontem fui ao chá das 4as feiras em casa de D. Zita, irmã de D. Olívia Penteado. Mora num solar, que já frequentei ha anos, que parece um castelo, com garçons de luvas etc. Lá estava Carolina, filha de D. Olívia, além de outras granfinas. Confesso que me senti um tanto dépaysée, acho que pela imponência da casa de paredes tão altas, o que não se deu no luxuosíssimo apartamento de Chichilo e Yolanda [MATARAZZO], onde jantei com o Romero Brest e senhora.
— Tive vontade de passar um telegrama de boas-festas

a você, em Roma. Não o faço porque você diz que talvez se mude pª outro hotel. Assim, vai esta pª a rue Jules Chaplain. Luisa e Dulce continuam rezando por você. Termino com os votos que faço de coração pela sua felicidade. Aí vai meu coração com imensas saudades.

Truly

(vire)

Fiquei contente com sua carta tão carinhosa, vinda de Roma. Não tem vindo cartas pª você. Só contas de banco, jornais literários, boas-festas. O Bardi convidou-me para escrever sobre a minha carreira artística até meados de fevereiro. Quer fazer um número da revista "Habitat" sobre mim. Convidou Oswald para fazer um estudo e uma apresentação, saindo a revista com muitas reproduções.

Só hoje, 28, chegou s/ cartão de Lisboa para Dulce.

S. Paulo — 31-Dezembro-1950

Meu querido Luis, De volta da fazenda, esta manhã (fui ontem fazer pagamento), recebi 2 cartas de Paris, de 26 e 27, com as crônicas que entregarei pessoalmente ao Julinho, dia 2, pois acabo de telefonar pª "o Estado" e ninguém trabalha estes 2 dias. Achei interessantes suas crônicas que me dão notícias suas mais minuciosas. Você pede notícias da fazenda: vai tudo bem e em ordem. O Geraldo e o Batista ficaram contentes com seu cartão. Estou tomando nota dos pagamentos etc. para facilitar a escrita depois. — Quarta-feira passada, dia 20, Lucinda, que foi para Campos de Jordão, despediu-se dos amigos com o clássico jantar: Tamagni, Luis Coelho, Diná, Guerda Brentani e o marido, Tina [IRMÃ DE SERGIO MILLIET], Dulce e eu. Às 10 h. ligamos para a Radio Record. Eu havia sido entrevistada pelo Gregorian (marido separado de Beatriz Costa) à tarde. A entrevista, que saiu mtº boa, com mtª naturalidade, foi gravada e irradiada à noite. Fiquei surpreendida ouvindo m/ própria voz, que o Gregorian disse ser ótima pª o rádio. No dia seguinte fui ver se obtinha um disco para guardar para você, mas eles ja tinham apagado a gravação. O Gregorian quer fazer outra entrevista e prometeu-me guardar o disco. Ficará pª o fim de m/ exposição. Ante-ontem Paulo Duarte me telefonou. Pediu-me pª mandar o Gianino Carta conversar comigo e fazer um estudo sobre minha "personalidade", que sairá em Fevereiro, na revista que ele lançou com êxito excepcional: "Anhembi".* Tem umas 200 páginas. O 1º número, com uma tiragem de 3.000, esgotou-se em 48 horas. Tomei uma assinatura. Ha nela um estudo do Sérgio sobre os poetas modernos, que vai continuar. Ja falou de Mario [DE ANDRADE], de Oswald [DE ANDRADE], Guillherme [DE ALMEIDA] e Cassiano Ricardo. Osório Cesar deu um longo artigo no Jornal de Notícias com m$^{\underline{tas}}$ reproduções de quadros meus. Nem sei como publicaram, pois a falta de espaço é premente. Ainda não o vi. O Menotti deu ante-ontem na Gazeta um artigo t$^{\underline{bem}}$ longo e m$^{\underline{to}}$ bom. Helena Silveira me telefonou que deixou no Museu uma crônica p$^{\underline{a}}$ mim. Com as festas só irei buscá-la dia 2. Ja tive artigos tambem de Patrícia Galvão, Geraldo Ferraz e Quirino [DA SILVA]. Saiu mais um, dia 23 na Folha da Manhã que eu ainda não arranjei, não sei de quem. Parece que já falei muito de mim. Cansou de ler? Hoje, dia 31, à meia-noite, mandarei um pensamento bom para você. Amanhã, dia 1º, continuarei. Não. Ainda tenho o que dizer. Telefonei ao Djalma e dei seu endereço. Ele escreverá. Em companhia de quem passará V. o réveillon? Eu irei com Dulce à casa de Milton.

2-janeiro-51 – Ontem, 1º do ano, fui pela manhã à casa de Dulce p$^{\underline{a}}$ me encontrar com Tati e Vinicius [DE MORAES] que chegaram dos EE.UU. Estavam fartos de

---

*A REVISTA ANHEMBI, FUNDADA POR PAULO DUARTE, ABRIU UM ESPAÇO IMPORTANTE PARA INTELECTUAIS BRASILEIROS E ESTRANGEIROS. FOI PUBLICADA COM SUCESSO ATÉ 1962.

América do Norte. Vinicius faz questão que v. o procure na passagem pelo Rio. Deu o telefone dele. Eu estarei tambem no Rio, visto ter que ir a Petrópolis para o 2º aniversário da morte da Beatriz [ÚNICA NETA DE TARSILA, QUE MORREU AFOGADA AOS CATORZE ANOS NUM RIO EM PETRÓPOLIS], dia 29. Se der jeito, voltarei de navio ou voltarei a S. Paulo para esperar v. em Santos, o que talvez seja melhor. Hoje às 5 h. da tarde Vinicius e Tati, que vieram correndo, irão encontrar-se comigo na minha exposição. — Dia 4 ao meio dia — Passei desde o dia 1º bastante aborrecida, pensando em coisas desagradáveis para o futuro em consequência de sua estada em Paris... Ontem, porém, distrai-me: Mª Eugenia Franco passou a tarde comigo revistando minha pilha de jornais sobre m/ carreira. Ficou admirada e disse: Tarsila, como é que você não é vaidosa? Ela está fazendo um estudo sobre m/ pintura; ja publicou uma parte com transcrições de outros críticos e no fim do mês apresentará o estudo. O Museu de A. M. me deu 22 recortes de artigos que ja sairam. Ontem, na exposição já conversei com o [GIANNINO] Carta e mostrei m/ quadros, elucidando certos pontos. O Jorge de Lima telefonou-me assim que chegou do Rio, ontem, e foi ver a exposição à tarde. Disse que o Murilo Mendes virá especialmente pª visitá-la. Ante-ontem, dia 2, fizemos no bar do Museu um grupo grande com Vinicius, Tati, Luis Coelho e Diná, Dulce, Arnaldo, João Leite e depois fomos nos encontrar, depois do teatro, com Mariinha [APELIDO DE TÔNIA CARRERO], Tiré e outros. Mariinha disse que o Rubem [BRAGA] vem pª cá no dia 12 deste mais ou menos. — Interrompi esta para ler sua carta que chegou agora: está m^to triste. E eu que estava pensando que V. estava feliz sob a sombra de amigos ricos e generosos, além de interessantes! Pensei mesmo que V. voltou precipitadamente da Itália para aproveitar mais a companhia deles. Estou informada de que eles voltam este mês para cá. Virão também pelo Andes? Bem, meu querido Luis, não quero mais te aborrecer falando nesse assunto, mas confesso que estou me sentindo bem com este desabafo. Não vou mais pensar em nada. Devo compenetrar-me de que sou m^to feliz com tanta demonstração de carinho que tenho recebido desde o meu vernissage. Se v. precisar de dinheiro, telegrafe que eu arranjarei. Outro assunto. Suas crônicas sairam: a 1ª e agora outra. Levei pessoalmente ao Julinho as 2 últimas (a 1ª tambem) e corrigi a palavra "fiamívero" que é "fiammífero". Quando V. receber esta, espero que esteja num estado de espírito mais optimista. Como é que você pode se aborrecer em Paris? Visite algum artista ou escritor notável e faça crônicas. Se os seus amigos estão fora e V. não tem automóvel para passeios, tome um trem de 3ª classe para excursões nas cidades mais próximas, onde haja coisas interessantes que ver. Por que não vai à Bretanha? Pena V. não se demorar mais na Itália. O Luis Coelho disse que não perdôa V. não ter ido ao menos a Florença. — Preciso sair p^a me encontrar no Museu com Mª Eugenia. Agora que eu estou com vontade de escrever, preciso parar. Acho que o seu estado de espírito do dia 30 passado foi coisa passageira. Com certeza esta carta encontrará V. feliz e alegre. Daqui a uns 3 dias irei à fazenda. Bem, termino enviando para V. o meu coração cheio de saudades.

Truly.

Não vi o Sergio até agora e nem sei dele. O Arnaldo disse que ele não está c/ vontade de voltar pª Paris. Vou escrever mais frequentemente.

O Lourival, para efeito de propaganda, vai mandar pª os jornais a lista dos quadros vendidos.

Se não houver tempo, não se sacrifique pª pedir as informações do preço dos livros. Daqui mesmo tratarei do assunto. Sei como essas coisas são cacêtes. — Quando levei as crônicas, disse ao Julinho que V. mandaria outras mais interessantes sobre arte e literatura e ele disse que tudo que V. escrevia era muito interessante. — Perdôe-me ter expandido meus sentimentos. Não sei fingir. Agora (estou esperando M. Eugenia), por exemplo, estou sentindo uma grande ternura por você. Abraços e beijos. T.

Les Ruines de Pompéi (2 volumes reliés, en bom état) par F. Mazois, architecte, inspecteur général des batiments civils, chevalier de l'ordre royal de la légion — d'honneur.
Paris
Imprimerie et librairie de Firmin Didot, Imprimeur du roi, de l'institut de la Marine, rue Jacob, nº 24
MDCCCXXIV
À la 1ère page: Les Ruines de Pompéi, dessinées et mesurées par F. Mazois pendant les années MDCCCIX — MDCCCX — MDCCCXI
Publiées à Paris en MDCCCXII
Mesure du texte sans la reliure: 0,ᵐ 41½ X 0,ᵐ 57

3

Se os seus amigos estão fóra e V. não tem automóvel para passeios tome um trem de 3ª classe para escursões nas cidades mais próximas, onde haja coisas interessantes que ver. Porque não vai á Bretanha? Pena V. não se demorar mais na Italia. O Luis Coelho disse que não perdôa V. não ter ido ao menos a Florença. — Preciso sair pª me encontrar no Museu com Mª Eugenia. Agora que eu estou com vontade de escrever, preciso parar. Acho que o seu estado de espirito do dia 30 passado, foi coisa passageira. Com certeza esta carta encontrará V. feliz e alegre. Daqui a uns 3 dias irei á fazenda. Bem, termino enviando para V. o meu coração cheio de saudades.

Truly.

Não vi o Sergio até agora e nem sei dele. O Arnaldo disse que ele não está c/ vontade de voltar pª Paris.
Vou escrever mais frequentemente

Se não houver tempo, não se sacrifique pª dir as informações do preço dos livros. Daqui mesmo tratarei do assunto. Sei como essas coisas são cacetes. — Quando levei as crônicas, disse ao Julinho que V. mandaria outras mais interessantes sobre arte e literatura e ele disse que tudo que V. escrevia era muito interessante. — Perdôe-me ter espandido meus sentimentos. Não sei fingir. Agora (estou esperando M. Eugenia) por exemplo, estou sentindo uma grande ternura por você. Abraços e beijos. T.

Les Ruines de Pompéi (2 volumes, reliés, en bon état)
par F. Mazois,
architecte, inspecteur général des batiments civils, chevalier de l'ordre royal de la légion-d'honneur.

Paris
Imprimerie et librairie de Firmin Didot,
Imprimeur du roi, de l'institut de la Marine, rue Jacob, n° 24
MDCCCXXIV

à la 1ère page: Les Ruines de Pompéi, dessinées et mesurées par F. Mazois pendant les années MDCCCIX - MDCCCX - MDCCCXI
Publiées à Paris en MDCCCXII

Mesure du texte sans la reliure : 0,ᵐ41 ½ × 0,ᵐ 57

[FOLHA À PARTE, DATA ASSINALADA NO TOPO POR TARSILA]
4-1-51

[LETRA DE VINICIUS DE MORAES]
Luis querido
De volta dos EEUU e em plena paulicéia desvairada. Aqui no barzinho do Museu de Arte Moderna, junto de Tarsila e da linda exposição dela, mando a você um grandíssimo abraço. Não deixe de nos procurar quando passar pelo Rio. Trouxemos 2 CAIXOTES DE ESCOSSÊS.

Tati e Vinicius.

[LETRA DE ARNALDO PEDROSO D'HORTA]

Abraço do Arnaldo

[LETRA DE MARIA EUGENIA FRANCO]
Na "minha" Rue Jules Chapelain, no "meu" Hotel de Lutèce... Forço você a pensar em mim, e te conto que a exposição de Tarsila está sendo um sucesso.
Um grande abraço.

Maria Eugenia

[LETRA DE TARSILA]
Luis querido, estamos à espera de Luis Coelho, Diná, Sergio B. de Holanda, Jorge de Lima, Dulce, etc. Estou escrevendo do correio. Ja tomei 3 coquetels a conselho do Arnaldo. Vou deitar esta no correio e voltar para o bar. Abraços, beijos e infinitas saudades de Tarsila.
Estou contando os dias da s/ chegada.

A BÊNÇÃO PAPAL

Roma, Dezembro — Quando se chega pela primeira vez a Roma, tem-se a idéia de pisar uma cidade absurda. Nesta terra onde um fósforo se chama "fiammífero" e onde o garção nos avisa que o café vem "subito" — e a gente tem a impressão de que ele vai surgir de repente em cima da mesa sem que ninguém o traga — tudo é colossal e desmedido: a língua, expressiva e exagerada, as majestosas ruínas, o incrível Vaticano, a insistência dos guias, a beleza de algumas mulheres, a polidez dos guarda-roupas (200 liras), a solicitude dos motoristas de táxi, aliás "autistas". Em cada canto se tropeça com uma antiguidade venerável e quando se acaba de admirar um palácio renascentista, cai-se subitamente sobre um pórtico romano, umas termas imperiais, um trecho de muro anterior a Cristo, tudo misturado numa exuberante demonstração de velhice, de força e de inexcedível beleza. Roma não é uma cidade, é um museu. [...]

L.M.

S. Paulo — 7-janeiro-1951

Meu querido Luis, desde que mandei minha última carta do dia 4, desde que desabafei minhas provavelmente imaginárias tristezas, tenho sentido uma grande saudade de você e com pena de sua solidão. Espero que você esteja mais animado. Tem visitado alguns museus? Você nada disse a esse respeito. Outro dia a Diná me disse que precisamos combinar nossa ida a Santos para a chegada do Andes, com outra peixada, etc., etc. Acho melhor eu não vir do Rio de navio. Pretendo seguir para lá no dia 28, passar 29 e voltar dia 30 que cai numa 3ª feira. Ainda não me informei na agência pª saber quando o Andes chega a Santos. Pelo que Ana Maria (Coelho de Freitas, rua Cira, nº 4, Santos) disse o navio faz a travessia em 12 dias, devendo, portanto, aqui chegar no dia 31 ou 1º de fevereiro. Eu farei minha viagem ao Rio de avião pª poupar tempo. Preciso estar aqui por causa da exposição que se prolongará até o Carnaval, segundo disse o Lourival. Esta semana irei a fazenda, isto é, dia 13, sábado, pª voltar a 15 pela manhã. Levarei o dinheiro do pagamento aos camaradas e deixarei com o Geraldo, visto eu não poder estar lá no dia 31. A exposição continua mto frequentada. As vendas continuam. Carminha [MARIA DO CARMO DE ALMEIDA, A JORNALISTA CONHECIDA COMO "CAPITU"] e Maria (filha de D. Olivia) vão organizar uma comissão para me homenagearem com um jantar, mas pensam em esperar sua volta. Hoje, domingo, passei o dia em casa terminando uma paisagenzinha que Yvone Levi e uma amiga francesa vão comprar para oferecer à Snra. Ascarelli que segue para a Itália no dia 11. Elas querem dar uma lembrança bem brasileira. O trabalho (quase pronto) está ficando bom: casas coloridas no morro. Dulce e Luisa (que não passam um dia sem rezar por você) mandam lembranças. — Envio o telefone do Vinicius pª a sua passagem pelo Rio. Não sei se ja seguiram para o Rio. O cargueiro em que vieram só tocou em Santos. Ainda não vi o Sergio e nem sei se voltou de Campos do Jordão. — Suas crônicas ja sairam. Mª Eugenia vai me levar amanhã no Museu a que saiu ontem: a bênção papal. Hoje comecei a receber "O Estado" que assinei em seu nome. Vou procurar as 2 crônicas que ja sairam e que eu não tenho. Farei isso amanhã sem falta para quando v. chegar encontrar tudo em ordem. — Tenho procurado apartamento mas ainda não encontrei um nas condições desejadas. Se aparecer algum, tomarei antes da s/ vinda para não o perder. Tenho em vista um ótimo na rua Jaguaribe mas que só ficará pronto dentro de uns 2 mêses. O proprietário não deu ainda o preço mas me consta que ele não vai pedir muito caro.

Dia 8 — São 2 h. da tarde. Vou sair para ir ao enterro de tia Antoninha, irmã de papai. — Esta manhã fui ao dentista (o de Dulce que é mto melhor que o Celso) e de lá passei no Consulado francês: Silvestre me deu um

lindo album com gravuras antigas coloridas. Fui
tambem à Agência da Mala Real e ja soube que você
chegará a 3 de fevereiro visto o navio ficar o dia inteiro
no Rio, cai num sábado. Portanto não posso esperar
você lá. Voltarei e irei dia 31 fazer pagam^{to} na fazenda.
Irei agora tambem, dia 13. — O Geraldo telefonou e
disse que o Dito saiu da pedreira e queria voltar. Fiquei
em dúvida para não acumular m^{to} camarada, mas o
Geraldo disse que era melhor justar para não ficarmos
sem cozinheira. Concordei. Agora é preciso plantar
bastante p^{a} se tirar uma compensação. Ja estou na
hora de sair. Levarei esta ao correio hoje sem falta.
Estou contando os dias para sua volta. V. tem só 12
dias de Paris. Que tudo corra bem. Adeus.
    Um grande abraço e o coração saudoso de
Truly

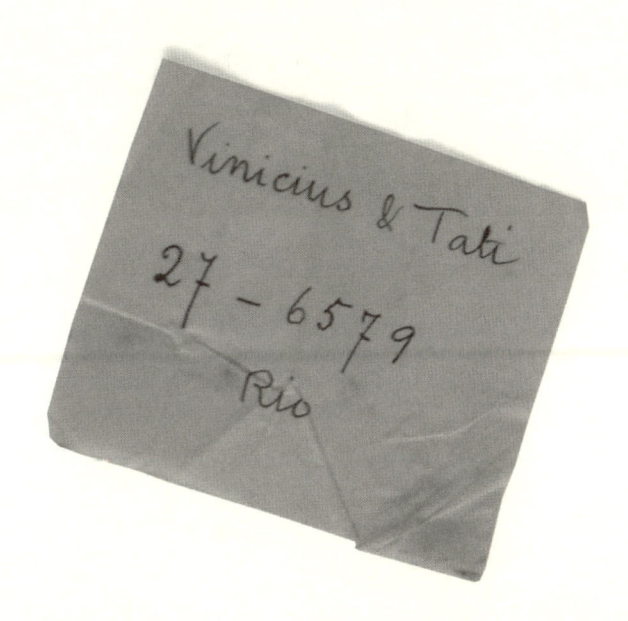

DIÁRIO DE VIAGEM
Luís Martins

TRECHO DE CRÔNICA PUBLICADA NO JORNAL DE LETRAS EM JANEIRO DE 1951

[...] Esta viagem à Europa me proporcionou algumas conclusões pessoais de ordem moral. Verifiquei, em primeiro lugar, que não sou um pássaro viajeiro. Fui a Roma com a idéia de ir até Florença e Veneza, mas só a perspectiva de arrumar e desarrumar malas me fez desistir de tudo. Sou um indivíduo tranqüilo e pacato com algumas intermitências líricas. Neste momento em que escrevo, são dez horas da manhã, o dia está feio, frio e triste. O que eu não daria por um banho de piscina de fazenda, um cafezinho gostoso e um descanso na rede, ouvindo ao longe o canto fatigado de uma juriti! Embora, dois dias (ou duas horas) depois, estivesse outra vez suspirando pela neve e pelo frio de Paris.

S. Paulo — 11-janeiro-1951

Meu Luis querido, talvez seja esta a última carta que te escrevo porque daqui a 9 dias estarás a bordo. O Luis Coelho manda dizer que a mesma turminha que foi ao bota-fora irá esperar você. Ontem me encontrei no bar do Museu com o João Leite que disse ter recebido um cartão seu, cheio de optimismo e achando Paris maravilhoso. Fiquei contente. Por aqui tudo vai bem. Ainda não via a Odette [FREITAS], que chegou a uns 3 dias, e nem o Sérgio de quem ninguém tem notícias. Sua última carta do dia 5, recebida ontem, 10, me restituiu a tranquilidade de espírito que perdi durante alguns dias. Estou agora muito atarefada. Ante ontem acabei um quadrinho de encomenda e levei-o ao museu. Foi muito apreciado, vendido e pago. Hoje recebi carta de Murilo Mendes. Não poderá agora vir a S. Paulo porque foi despejado e está atrás de apartamento. Parece que não sabe que V. está na Europa. Soube pelo Jorge de Lima que m/ exposição será feita no Rio no Ministério de Educação. Ele pensou nisso, assim como Augusto Rodrigues, mas eu disse que não tencionava realizá-la porque achava difícil e dispendiosa. Estou com uma porção de recortes de anúncios de apar.[tos]. Que bom se achasse um em condições antes de s/ vinda! Estou arranjando uma porção de coisas quebradas na casa e já providenciei o concerto do guarda-roupa que não fecha. As estantes ficam em Crs. 500,00 cada uma, conforme as medidas das existentes e Crs. 200,00 cada suplemento com 3 ordens para ser colocado em cima. Fiquei em dúvida e disse ao marceneiro (indicado por Carminha) que esperava s/ volta. Será melhor fazer tudo depois q. arranjarmos apartamento. Ele esteve aqui e tirou as medidas pª o caso de se resolver a fazer as estantes. — Dulce manda pedir, <u>caso sobre dinheiro</u>, o livro q. ela pediu ao Sérgio. Pode ser de 2ª mão. É "<u>L'homme</u> [VISIBLE ET INVISIBLE]" de Leadbeater, com um sub-título mais ou menos "d'où il vient, où il va". Pode ser tambem em inglês ou espanhol. Se não houver tempo ou dinheiro ela não quer q. v. se incomode. Sábado, 13, vou à fazenda. Vou dar umas ordens a respeito de carpa (capinação), depois q. li e conversei com peritos. Bem, m/ querido Luis, parece q. disse tudo a dizer. Lembrei-me agora q. Murilo Mendes parece (como já disse) que não sabe q. V. está na Europa ou pensa que V. volta já, pois manda recado dizendo: "Peço dizer ao Luis q. não li as Cantigas [DA RUA ESCURA], embora tivesse procurado o livro aqui. É fora do comércio? Evoco sempre c/ prazer nossos passeios na Baía, etc. ...". Se V. quizer mandar um cartão a ele o endereço é: R. Ibituruna, 72 — 1º andar.

 Preciso sair e vou terminar esta. Talvez escreva ainda nestes 2 dias se houver alguma novidade. Traga um lencinho ou um brochinho bem barato para Eulália. Ela sempre pergunta por você.

 Adeus, saudades e abraços. Aí vai meu coração.

 Truly.

Porque V. deu de escrever Brésil com z (como no inglês) e da última vez Brèzil, com acento grave?

Tenho recebido diversas cartas de cumprimentos pela exposição, sendo algumas do interior. Ontem o Lourival disse que V. poderá ver a exposição que se abrirá especia[te] para você, pois estará fechada nos dias de carnaval.

O Murilo escreveu-me para dizer que quer comprar um trabalho meu. Estou com sorte, não acha? O Flávio [DE CARVALHO], q. só ha 3 dias foi ver a exposição achou o meu quadro grande "Fazenda", de 1950, muito bom. Fiquei contente c/ a opinião dele.

Voltei ao Brasil (começo de 1951) no Andes, um dos maiores e mais modernos transatlânticos da Mala Real Inglesa, na época. Paramos 8 horas em Lisboa e 2 em Vigo. Chegamos ao Rio de Janeiro numa sexta-feira, véspera do Carnaval. E, para que os turistas pudessem ver a decoração da cidade, o navio permaneceu 10 horas no porto (já fizera o mesmo em Salvador).

Chegamos a Santos no dia seguinte, cedo. Tarsila e meu irmão Djalma esperavam-me no cais. Ao seu lado, estava Anna Maria. Não por minha causa, mas para receber um casal amigo, que viajara no mesmo navio.

No dia seguinte, domingo de Carnaval, fomos para a fazenda. Para se ir a Monte Serrate, tomava-se, na Estação da Luz, às 11 da manhã, um trem da Paulista e em Jundiaí passava-se para outro, da Sorocabana (Ramal Ituano), sacolejante trenzinho que lançava fagulhas, provocando freqüentes incêndios nos capinzais, à margem da linha de bitola estreita.

Na Estação da Luz encontramos Anna Maria que, acompanhada da amiga Antonietta Montenegro, ia fazer a mesma viagem, até a estação de Quilombo, com destino à Fazenda das Pedras, onde já se achavam seus parentes. Naquele tempo, quase toda aquela região era um vasto feudo das famílias Amaral Campos e Estanislau do Amaral, na verdade, uma só família — "os Amarais", como diziam os caipiras de Monte Serrate, Itaici e Quilombo. Tarsila era Estanislau do Amaral e D. Lucia, mãe de Anna Maria, Amaral Campos; mas as duas eram netas de José Estanislau do Amaral, "o milionário".

Viajamos juntos, nesse dia, no trenzinho da Ituana. Em Monte Serrate, onde a charrete da fazenda já nos esperava, nós desembarcamos. Anna Maria, com sua amiga Antonietta, continuou para Quilombo, que era a estação seguinte. Até então, nada houvera entre nós — e eu estava longe de imaginar que um ano e meio depois seríamos marido e mulher. Em 1948, quando a conheci, causara-me grande impressão. Nesse mesmo ano, viajou para os Estados Unidos. Na volta, durante quase todo 1949, quando estava nas Pedras, ia com freqüência à Santa Teresa, a cavalo, em grupo, com amigos e parentes; nós conversávamos naturalmente, sem segundas intenções. Em 1950, Anna Maria foi, acompanhada de um tio e de uma prima, para a Europa, onde pretendia permanecer seis meses, até o fim do ano. Mas em Paris o tio morreu repentinamente e o resto da viagem teve que ser cancelado. As duas primas voltaram ao Brasil sozinhas, viajando no Andes. Assim, nós nos desencontramos: quando, em novembro, eu fui para Paris, Anna Maria já se achava em Santos, onde os pais moravam.

Ignoro se o IPHAN tombou a fazenda Quilombo e não sei como ela se encontra atualmente. Há 30 anos, merecia ser tombada. Ainda havia senzalas. O casarão da sede, de taipa, com uma infinidade de salas e quartos, era imponente. Lá, Alberto Cavalcanti rodou o filme *Terra, Sempre Terra*. O proprietário da Quilombo chamava-se Cássio Ferreira do Amaral, do clã dos Amarais.

Uma tarde, Antonietta e Anna Maria, a cavalo, apareceram na Santa Teresa do Alto, que, para quem vinha das Pedras, era passagem obrigatória para se ir à fazenda Quilombo. Anna Maria queria visitá-la, pois nunca lá estivera, embora Cássio Ferreira fosse seu parente, mas não conhecia bem o caminho. Ofereci-me para acompanhá-las e mandei arrear um cavalo para mim. Como a estrada era estreita, não dava para três cavaleiros juntos; assim, eu e Anna Maria íamos à frente, com Antonietta um pouco atrás, acompanhando-nos. Foi durante esse passeio campestre que, sem dizer "água vai", sem aviso prévio, "de repente, não mais que de repente", o amor entrou em cena, fazendo palpitar este hoje velho e já naquele tempo experimentado coração, que eu julgava imune a tais palpitações.

Situação profundamente incômoda para nós ambos, por causa de Tarsila.

LA SEINE

Num rádio distante, rola surdamente "La Seine" sua canção de amor [...].

A sugestão desse canto apaixonado invade a cidade, onde os namorados se beijam sem nenhum mistério no "metro", nos restaurantes, nas "terrasses" de café, no meio da rua, numa comovente desmoralização do mito do "amor culpado" que se esconde em sombra e remorso. Sabem que o amor jamais é culpado, pois ninguém ama porque quer, mas impelido pela fatalidade. [...]

L.M.

Sem saber como agir, meus pais passaram a se encontrar discretamente em São Paulo e nos arredores das fazendas.

O tempo foi passando. Meu pai ensaiava, ensaiava, mas na hora H não tinha coragem de contar a Tarsila o que estava acontecendo. Então, adiava a conversa. Ia para o Rio de Janeiro, onde ficava temporadas cada vez mais longas.

Era onde ele se encontrava no final de agosto de 1951, quando minha mãe, sem conseguir mais suportar seu sentimento de culpa para com Tarsila, pegou o telefone num ímpeto, ligou para ela e contou-lhe tudo. A outra a princípio não acreditou. Pediu-lhe que fosse até sua casa. Minha mãe, que estava hospedada na casa de tia Marieta, em Perdizes, desceu a pé e com o coração pesado os três quarteirões que a separavam da rua Caiubi, 666. A própria Tarsila abriu a porta, o semblante fechado. Foi uma conversa educada mas difícil e dolorosa para ambas, ao fim da qual as duas choraram abraçadas. "Não é culpa de ninguém", sentenciou a pintora, e agradeceu a minha mãe "por sua franqueza".

O que meu pai e Tarsila combinaram então não há como saber. Sabe-se apenas que as temporadas dele no Rio se intensificaram e que, algum tempo depois, ele e minha mãe resolveram casar. Minha mãe achou por bem fazê-lo às escondidas, num local distante, pois temia a reação de Tarsila e, sobretudo, dos pais, Lucia e Renato, que já haviam ficado horrorizados ao saber de seu envolvimento com "o amante da prima".

O local escolhido para a cerimônia foi a Bahia — terra natal da amiga Maria Antonietta. Minha mãe e a prima, Heloísa, iriam "de férias" para Salvador, onde meu pai as encontraria. Se fossem por mar, ele poderia pegar o mesmo navio quando este fizesse escala no Rio de Janeiro. Mais tarde, só bem mais tarde, anunciariam o casamento. E aí, como julgava minha mãe, não restaria à família outra alternativa senão aceitar o que já estava feito. Um plano secreto, do qual pouquíssimas pessoas tinham conhecimento, entre elas, Djalma (irmão de meu pai), o jornalista baiano Odorico Tavares e o advogado e escritor de livros policiais Luís Coelho, muito amigo de meu pai.

Antonietta, encarregada dos preparativos, seguiu antes para Salvador. Odorico Tavares e Luís Coelho dispuseram-se a ajudar na organização da papelada para o casamento. Um juiz e um padre foram contratados, e a cerimônia religiosa, agendada para um dia da segunda quinzena de fevereiro, na igreja Conceição da Praia. Em seguida, a irmã de Antonietta, Maria Helena, que morava em Salvador, receberia os noivos em sua casa, para um coquetel surpresa.

Em dezembro de 1951, meu pai foi para o Rio de Janeiro, de onde pretendia seguir viagem para Salvador. Hospedou-se na casa de uma irmã, Nadir Machado, aos cuidados de quem minha mãe e Tarsila subscritaram grande parte dos envelopes dirigidos a ele nesse período.

CORAÇÃO PASSADO A LIMPO

No bairro, todos sabiam que o homem não funcionava direito. Era meio "gira", diziam. Inofensivo, calmo e de olhos doces, a sua mania era pegar qualquer desconhecido de jeito, conversar um pouco e, no meio da conversa, anunciar subitamente:

— Vou mandar passar meu coração a limpo.

Todos achavam graça e zombavam do coitado. Só um rapaz que tinha fama de poeta no bairro, porque andava sempre com livros debaixo do braço e esquecia de cortar os cabelos, tinha paciência para ouvir o pobre desequilibrado. E, sentados ambos num banco de jardim público, o louco de olhos mansos, com mansa voz, explicava ao pretenso poeta:

— Vou mandar passar meu coração a limpo. Há muitos, muitos anos que ele está todo embaralhado, confuso e incompreensível. Desde jovem nele fui escrevendo todas as emoções, amores, ódios, amizades, inquietações, amarguras e decepções. Está cheio de erratas, emendas, rasuras, retificações, chamadas e riscos. O que foi escrito um dia a tinta vermelha com um amor incomensurável e infinito, anos depois foi rasurado violentamente, resultando daí um borrão horroroso. Amizades tiveram que ser retificadas: "digo, indiferença"; ambições inscritas em letras maiúsculas foram emendadas com ceticismo e desalento: "aliás, cansaço ou tédio". Por cima de ódios velhos, registrados com letra já quase imperceptível, escrevi mais tarde mensagens de amor e de esperança. Há palavras e frases traçadas em todos os sentidos, daí resultando às vezes equívocos tremendos, verdadeiros trocadilhos de sensações. Eu mesmo custo a decifrar o que quis dizer. E se eu próprio já não entendo direito meu coração, quem poderá entendê-lo? As palavras e os sentimentos amontoam-se e atropelam-se. Odes e pastorais misturam-se a fragmentos de romances, cânticos de doce lirismo estão entrelaçados a simples registros de "faits divers". Onde ontem estava reproduzido a tinta azul o diálogo de Adão e Eva ou o idílio de Romeu e Julieta, é possível que hoje apenas se veja um trecho de discurso político ou a cópia do último orçamento municipal. Em compensação, por cima de um grave tratado de psicologia, transcrevi com emoção as quadrinhas ingênuas de uma ingênua serenata... Uma balbúrdia, um inferno! Do jeito como vão as coisas, daqui a alguns anos meu coração será um imenso borrão de várias cores, que nenhum ser humano jamais decifrará. Vou mandar passá-lo a limpo e tirar várias cópias, não muitas, que hei de distribuir pelas pessoas que eu amo e que me amam. Com índices remissivos e gráficos. É possível mesmo que inclua algumas ilustrações e dois ou três retratos. Você aceita uma cópia?

O rapaz de cabelos compridos, poeta na opinião do bairro, aceitava uma cópia. E depois, durante horas e horas, ficava a meditar nas estranhas palavras do louco que desejava ter um coração passado a limpo.

L.M.

Luís

José Estanislau do Amaral, o milionário; eis como Luiz Gonzaga da Silva Leme se refere, na *Genealogia Paulista*, ao avô de Tarsila e bisavô de minha mulher, Anna Maria Martins. Esse homem, grande cafeicultor e senhor de escravos, colecionava fazendas como outros colecionam livros, objetos de arte ou caixas de fósforos. Foi, em seu tempo, o maior latifundiário da Província de São Paulo: seus domínios estendiam-se de Indaiatuba e Jundiaí a Capivari, São Pedro e Piracicaba. Ao morrer, legou aos filhos áreas rurais que, embora divididas entre os herdeiros, eram ainda imensas, cabendo a cada um centenas e centenas de alqueires de cafezais, pastos e matas. Hoje, alguns de seus descendentes ainda possuem fazendas. Outros não têm mais nada.

A Fazenda das Pedras, onde Anna Maria, morando em Santos, passava as férias desde que nasceu, tinha quase 900 alqueires. Hoje, reduzida à terça parte, pertence a um tio seu, Lauro do Amaral Campos, que soube conservá-la [PERTENCE HOJE AOS SEUS DESCENDENTES]. Quanto a Anna Maria, faz parte dos que não têm mais terra. A vida dá voltas.

Não obstante, é uma legítima "paulista de quatrocentos anos". Pelo lado materno, descende de Brás Cubas, o fundador de Santos; pelo paterno — filha de Renato de Andrada Coelho, neto de José Bonifácio, o Moço — sua linha genealógica estende-se, pelo ramo legítimo, ao Patriarca da Independência.

É hoje uma escritora conhecida, autora de livros de contos, dos quais o primeiro obteve dois prêmios: o Jabuti e o Afonso Arinos. Quando a conheci, era apenas uma moça de boa família, bonita, inteligente e prendada. Só depois de casado vim a saber que fazia versos, que não mostrava a ninguém. Gostava de arte e de literatura modernas, mas a família, muito conservadora a esse respeito, não podia entender e muito menos estimular essa tendência do seu espírito e da sua sensibilidade. (A arte de Tarsila nunca foi compreendida pela maior parte dos parentes.)

1951 foi um ano muito conturbado, para mim e para Anna Maria. 1951 e a maior parte de 1952. A família opôs-se tenaz e intransigentemente ao nosso casamento. Não sei quais as razões dessa obstinada oposição, pois nunca me foram reveladas. Algumas, entretanto, posso adivinhar: em primeiro lugar, a minha duradoura e pública ligação com Tarsila, parenta próxima de Anna Maria; em segundo, a fama de boêmio que eu tinha, justificada, diga-se a verdade; em terceiro, a diferença de idades: Anna Maria é 18 anos mais moça do que eu. Houve um momento em que pensei em mudar-me para o Rio. Dezembro de 1951, janeiro e fevereiro de 1952, fiquei no apartamento de minha irmã, que nesse tempo morava em Copacabana. Passei uma semana no apartamento de Di Cavalcanti, por insistência sua. Os amigos foram muito bons para mim.

ANO NOVO

TRECHO DE CRÔNICA PUBLICADA N'O ESTADO DE S. PAULO DE 3/1/1952

Rio, 31 de dezembro — Quando esta crônica for publicada, 1951 será somente uma referência do tempo extinto, um marco que situará coisas já acontecidas e jamais renovadas. Como 1950, 1937 ou 1925, será apenas um dos muitos pseudônimos do passado, essa massa enorme de tempo imóvel que todos nós carregamos como um peso morto. Estou escrevendo nas últimas horas da tarde do último dia do ano. [...]

Está feliz o leitor? Passará um "reveillon" alegre? Tanto melhor, estimo muito. Quanto a mim, devo declarar que recebi uns dois ou três convites para passar com amigos festivamente a meia-noite de hoje mas, para ser franco, confesso que não pretendo sair de casa. Não, não irei a lugar nenhum. De resto, para quê? Mata-se o tempo em toda parte e um ano que morre só difere de um minuto que passa porque os anos são numerados e os minutos se perdem no anonimato das coisas insignificantes e miúdas. [...]

Não saberia dizer se o Rio está realmente alegre, nesta passagem de um ano que não foi lá essas coisas, para outro que, tudo indica, não há de ser melhor. Sei que há muita gente nas ruas, o que dá sempre um ar de festa, mas que talvez se possa atribuir apenas ao calor.

Não importa: 1951 está morto; viva 1952!

L.M.

UMA NOVA ESTRADA

Rio 1 — Aqui, no Rio, 1952 começou sob o signo da melancolia: uma chuvinha aborrecida, quase uma garoa, enche os corações de tristezas vagas e estraga os banhos de mar. Copacabana está cinzenta e escura. Há pessoas supersticiosas que não gostam de um começo de ano assim: as coisas vão ficar pretas. Não, não creio nessas Cassandras de autolotação. Haverá, por todo este vasto Brasil, outras praias onde o sol não se escondeu, onde a sua luz e o seu calor alimentarão ainda a esperança dos homens e farão refulgir a beleza das mulheres. "A vida é bela e generosa", dirão esses seres felizes. Encaramujo-me em Copacabana e respondo sem muita convicção: amem!

Olho 1952 como um indivíduo que se vê no início de uma longa estrada desconhecida, que não se sabe onde vai dar, uma estrada que tanto pode ser de asfalto e ladeada de flores, quanto uma horrorosa picada cheia de curvas perigosas e buracos, uma estrada que pode não levar a lugar nenhum, acabando bruscamente num precipício vertiginoso e inevitável. Indivíduo da categoria humilde dos pedestres, ponho o meu saco às costas e disponho-me a iniciar essa estranha caminhada no escuro. Sinto-me cansado e trôpego. Não conheço os lugares que percorrerei, não possuo uma carta topográfica dessas regiões ignoradas e talvez perigosas — e ninguém pode imaginar a falta que às vezes nos faz uma carta! [...]

L.M.

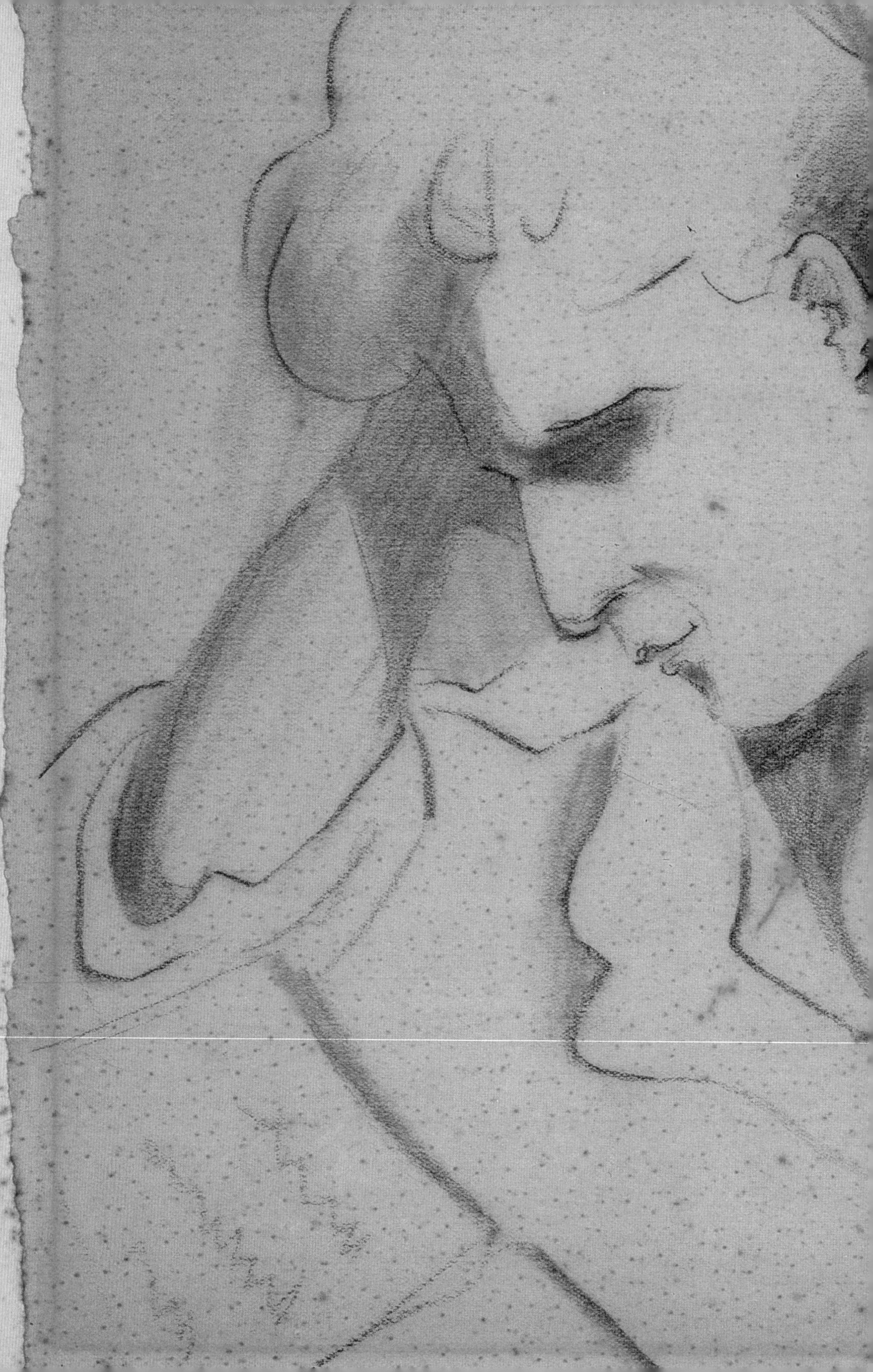

CARTAS DE TARSILA E ANNA MARIA

DEZEMBRO DE 1951 A MARÇO DE 1952

Com exceção da carta de Tarsila datada de 8/12/1951, provavelmente entregue em mãos, todas as outras foram enviadas ao Rio de Janeiro, onde meu pai se encontrava hospedado na casa de sua irmã, Nadir (apelidada "Didi").

Minha mãe estava a maior parte do tempo em Santos, às vezes na Fazenda das Pedras. A maioria dos seus envelopes está endereçada à "Exma. Snra. D. Nadir Machado" e não tem remetente. Suas cartas vêm às vezes envoltas por outras folhas de papel que as protegem contra a transparência dos envelopes aéreos, nas quais se vê escrito levemente a lápis: Luís — num provável alerta a tia "Didi", a destinatária oficial.

Tarsila estava ora em São Paulo ora na fazenda Santa Teresa, embora todos os seus envelopes tenham sido remetidos da cidade. De papel espesso e firme, em geral trazem estampado no canto esquerdo, em diagonal: "Expressa". Estão todos endereçados ao "Dr. Luis Martins", aos cuidados do "Snr. Alcebíades Machado", marido de Nadir. Os primeiros trazem no verso "Tarsila do Amaral Martins" ou, simplesmente, "TAM". A partir de 17 de fevereiro de 1952, após um envelope sem remetente, o "Martins" desaparece.

Todas as cartas estão manuscritas, exceto a escrita por Tarsila em 25/2/1952, que foi datilografada.

8-12-51

Luis, estou com um espinho no coração. Preciso dar a você uma explicação e, para não ser interrompida, acho melhor escrever. Passei um ano (ou pouco menos) no mesmo estado de espírito em que hoje você se acha: uma <u>angústia</u> que eu sei como doi. Nesse tempo, o Cândido (Dr. Cândido da Silva) fez-me ver, como amigo, que eu estava errada, dizendo: "O Luis Martins é muito moço para você. Agora as coisas vão bem, mas o tempo é inexorável. Um dia você se arrependerá". O tempo demonstrou que o Cândido tinha razão.

    Quando conversávamos hoje pela manhã, à hora que você chegou, repeti, <u>num instinto maternal</u>, o que ha tantos anos ouvira de um amigo, como advertência de um perigo. Deveria, antes, ter refletido que vocês ja resolveram o caso, mas juro que não pensei nisso e <u>não tive absolutamente intenção de ofender você</u>, que foi sempre tão delicado comigo nessa questão de idade. Ja tive ocasião de falar com Dulce a esse respeito. <u>Notei que você se ofendeu e isso me ficou doendo a manhã inteira</u>. Não quero que você conserve uma impressão má em relação a mim. Se estou tocando nesse assunto agora é porque precisava dar uma explicação. Portanto, peço perdão pela <u>ofensa involuntária</u>. Esqueça tudo, ou antes, esqueçamos tudo. Talvez seja melhor você não tocar no assunto, não acha?

    Sua amiga verdadeira,

Tarsila

São 11½

Santos, 3/1/952

Luís muito querido

Ha dias venho esperando carta sua. Finalmente hoje, chegou. Fiquei satisfeita, o que aliás nem podia deixar de ser, mas confesso sinceramente que contava com uma carta bem longa, carinhosa (para fazer diminuir as saudades) e com notícias mais positivas quanto às decisões a tomar.

Quando encontrei aquela folha enorme, apenas com 3 ou 4 linhas, apesar de tudo que elas encerram, fiquei decepcionada.

Eu também desejo que êste seja um ano muitíssimo feliz para você, meu bem. Que toda essa angústia, essa situação falsa terminem, que eu consiga fazer com que você esqueça tudo isto, para que nós possamos enfim ser felizes.

Deduzi da sua cronica que você teve convites para passar o "reveillon" com amigos, mas que não pretendia fazê-lo. Será que resistiu? Espero que sim, pois eu, como havia dito e garantido a você que não iria, apesar dos convites e da insistência não só dos amigos como do pessôal daqui de casa, fiz pé firme e não fui a lugar nenhum. Mesmo que estivesse animada e com disposição não iria.

Dia 28 estive em S. Paulo. Falei com o Luis Coelho que me deu seus recados sôbre o endereço da carta e certidão de batismo, a qual estou tentando providenciar. Ele continua tratando de tudo; na proxima semana irei procurá-lo de novo.

Quero que você me escreva assim que possa dizendo a que decisão chegou, pois não é assim tão fácil arranjar tudo de um momento para o outro. Você já sabe o que para mim seria melhor, mas segundo combinamos, você é quem resolve. Eu farei o possível para que tudo se arranje como você quizer, apesar de aqui em casa estarem francamente contra a viagem de avião.

Estou gostando muito do livro que você me deu. Além dele, estou lendo "Mar Absoluto" de Cecilia Meirelles e continuo com Otavio de Faria, que cada vez mais admiro (agora vou começar o "Anjo de Pedra").

Ganhei no Natal "Angustia" de Graciliano Ramos. Ouvi dizer que é ótimo. Você já leu?

Tenho ido sempre à praia com Luís Alberto [SEU FILHO, ENTÃO COM SETE ANOS, COM ALBERTO FREITAS, FALECIDO EM 1944] *e tomado uns banhos de mar deliciosos. É o melhor alivio para estes dias quentes.*

E você tem descansado bastante? Tem saido com seus amigos? Escreva-me logo e não se esqueça de dizer si não houve nenhuma atrapalhação com esta carta.

Meu querido, um beijo carinhoso da sua

Anna Maria

P.S. – Rasgue logo a carta.

Santos, 5/1/952

Meu querido Luís

Começo respondendo àquela pergunta que entre nós dois já considero privilegio meu, e você me faz no fim da sua carta: Sim, eu te amo muito, muitissimo; eu te adoro, meu bem. Estou louca de saudades suas. Fiquei contentissima com a sua carta; eu estava precisando dela. Ainda ontem escrevi para você reclamando notícias mais longas, mais carinhosas. Creio até que não fui muito terna; eu estava triste e sentida com a sua demora em me escrever.

Tambem eu tenho pensado constantemente em você e sentido muitissimo a sua falta. Outro dia passei pelo [BAR] Itapoã com o coração apertado. Só fui 2 vezes a S. Paulo; tive a sensação de um vazio tão grande! Tive saudades até da aflição e do medo que me causavam nossos encontros.

Amanhã mesmo escreverei a A. (creio que você acha prudente não citar nomes) dizendo-lhe que se comunique com o seu amigo para que ele arranje tudo para o fim deste mês. Dia 8 falarei com o L. C. e logo escreverei a você dando notícias. E também sôbre a data da viagem, assim que ficar resolvida avisarei.

Fico tão angustiada em ver tudo tão no ar. Tão proximo e nada positivo, por enquanto. Eu não devia dizer isto a você que, longe, deve estar ainda mais aflito. Minha esperança é que tudo se resolva depressa e bem.

Precisamos mesmo de muita esperança e fé ilimitada no futuro.

Escreva-me logo, querido. Todo o amor da sua
Anna Maria

P.S. — <u>Rasgue logo</u>.

S. Paulo — 9-1-52

Luis muito querido,
Acabo de chegar* (3,20) e ja estou com saudades de você. Cada canto desta casa evoca sua imagem querida. Fiz boa viagem: cheguei com um dia lindo...
A única pasta que encontrei é esta, que envio, de cartolina verde (e não azul). Espero que esteja em ordem. Se por acaso houver engano, telefone avisando.
Vou ja levar o embrulho à SER [SERVIÇO DE ENTREGA RÁPIDA]. Envio um grande abraço de agradecimento aos queridos amigos Machado e Didi.
Telefonei ao Sergio. Foi pª Campos e está de férias até fevereiro. Indagarei do endereço e escreverei pedindo a receita para o Darcy. Não há notícias da fazenda: bom sinal. Adeus.
Cheio de saudades, aí vai meu coração.

Truly

Escreva-me

---

* EM 22/12/1951 TARSILA TAMBÉM FORA PARA O RIO DE JANEIRO, ONDE PERMANECEU ATÉ 9/1/1952 — DAÍ, TALVEZ, O CUIDADO DE MINHA MÃE AO SUBSCREVER SEUS ENVELOPES EM NOME DE NADIR.

Santos, 11/1/952

Meu querido Luís,
Dia 8 estive em S. Paulo, aflita para encontrar o L.C.
Do escritório disseram-me que êle fora ao Rio e que
provavelmente voltaria naquela tarde. Tive uma intuição,
quase certeza de que por êle, você me mandaria alguma
carta. Emprestei então o fordinho de Fernando [SEU IRMÃO]
(ah! que saudades daquelas nossas noites!) e fui
correndo ao apartamento deles. Tinham chegado havia
pouco tempo mas só estava a Diná; o Luís tinha ido
visitar os filhos. Diná sabia que havia uma carta para
mim mas não conseguia encontrá-la; remexia na pasta
e nas roupas do Luís e nada. Eu cada vez mais aflita
pois tinha hora para voltar para Santos e não queria
de maneira alguma vir sem sua carta. Finalmente
conseguimos encontrá-la e eu saí de lá felicissima
não só pela carta mas tambem pelo que a Diná me
contou sôbre você.
    Parece (como você tambem me conta em sua carta
de hoje) que seu amigos estão achando você "muito
familia" e que o Di Cavalcanti referiu-se a você nos
seguintes termos: "o Luís é um chato, não sai de casa".
Além disso que você foi convidado para um "reveillon"
cujas condições seriam levar uma garrafa de whisky e
uma moça!!!??? e você recusou. Querido, como fiquei
contente com isto, si bem que quanto à ùltima parte
desta história eu nem possa admitir que você agisse de

outra forma. Fico tão cheia de esperança no nosso futuro, na nossa felicidade, sabendo de uma coisa destas. Sinto que todo este sofrimento (tenho passado noites em claro, nervosa, angustiada), tudo será compensado.

Acho seus amigos todos ótimos, inteligentes, simpaticos, com prosa agradavel, etc. ... Tenho muito prazer na companhia deles, mas você melhor que eu sabe o quanto eles são boemios. É evidente que você continuará a conviver com eles, comigo ou sozinho quando você preferir, mas será diferente.

Creio que será preferivel, mesmo necessario, deixarmos nossos projetos para a 2ª quinzena de Fevereiro. Em 1º lugar por Tarsila. Como você diz seria extremamente cruel, desumano deixá-la enfrentar a situação sozinha. Meu bem, imagino o que você deve ter sentido quando Tarsila embarcou [NO TREM, DO RIO PARA SÃO PAULO], *sabendo ser talvez a última vez em que você ia vê-la antes de tudo resolvido e sem poder contar-lhe, ser sincero com ela!*

Em 2º lugar penso que seria impossivel neste mês pela falta de tempo e de notícias de Antonietta.

Veja si você consegue a tal licença. Será tão melhor si tudo puder ser feito na Bahia. Longe, tem-se a ilusão de que as coisas são mais faceis, pelo menos há maior distancia para o eco das reações chegarem até nós.

Quanto ao Carnaval, penso que não nos causará transtornos, pois si não me engano começará dia 24 e, si você estiver de acordo, poderemos resolver tudo até o dia 18 ou 20.

No "Estado" de hoje além de sua cronica saiu um artigo seu sôbre "Uma Exposição do Saps" e no último

Anhembi sôbre os Premios da Bienal. Tive hoje um dia bem gostoso (apesar do calor de matar), li com grande prazer tudo que você escreveu para todos e com prazer intraduzível a carta que você escreveu só para mim.

Meu bem, por falar em cartas, prefiro que agora, pelo menos nestes dez dias, a não ser por alguma coisa urgente, você não me mande carta expressa e si puder faça o envelope à maquina. Prefiro evitar desconfianças.

Você não recebeu minha carta do dia 5?

Já que iremos para a Bahia só em Fevereiro, pretendo ir passar uns dias na fazenda com Luís Alberto. Estamos só à espera do filho de Carmen [SUA IRMÃ] que, segundo o médico nasceria até o dia 10, e por enquanto nada.

Querido, estou morta de saudades suas. De você quando põe seus óculos existencialistas e fica com cara de intelectual autentico, de você quando sorri e me diz: "agora vou ocupar minha boca com um cigarro", de você quando me agrada, de você quando quer me encabular e fala em... Enfim de tudo que você faz, tudo que você é e eu adoro. Beijos da sua

Anna Maria

P.S. Escreva logo. Não se esqueça de rasgar esta. Você já rasgou as outras? Você deve estar alinhado mais magro e queimado. Cuidado com o mar de Copacabana que é forte, e não olhe muito para as moças na praia. Isto é, si você quizer mesmo olhar, veja apenas com olhos de crítico de arte. Mais beijos. A. M.

EMBORA MEU PAI E TARSILA NUNCA TENHAM FORMALIZADO SUA UNIÃO, VÁRIOS ENVELOPES ENVIADOS POR TARSILA TRAZEM O SEGUINTE REMETENTE: TARSILA DO AMARAL MARTINS (E, UMA OU DUAS VEZES, APENAS AS INICIAIS: TAM).

S. Paulo — 15-1-52 — às 20 ½ h. — 3ª feira

Luis, meu querido,
Eu mesma não sabia que o queria tanto, tanto! Amanhã vai fazer 8 dias que saí do Rio. Como o tempo se arrasta nesta contínua e dolorosa saudade! Ontem saí pª levar m/ carta ao correio. (Deve ter chegado hoje à tarde, pois sòmente até às 2,45 h. aceitam expressas aéreas. Cheguei pouco depois.) Voltei pª casa às 5 horas. Este ambiente de tal maneira me fala de você que comecei a sentir uma angústia desesperada. Telefonei a Liloca [SUA CUNHADA] às 7 horas e fui jantar com ela. O Guilherme [FILHO DE "LILOCA" E MILTON AMARAL] me trouxe de automóvel.

Ainda não fui ao médico mas tenho seguido meu regime.

A Juliana [GIORGI], que chegou da Europa com o Armando [FERRARI, PSICANALISTA], veio hoje trazer uma lembrança da Aida Pongetti pª mim e um cartão de Boas Festas para nós dois. Aida pediu a Juliana que me entregasse o presente antes do Ano Bom. É uma travessazinha de porcelana italiana, que serve de cinzeiro ou outra coisa. Vou agradecer dizendo que o recebi sòmente agora porque estive ausente de S. Paulo. Se V. se encontrar com ele, não conte que eu estive no Rio. Eles poderiam ficar sentidos comigo.

Telefonei a Etelvina [CHAMIS] a respeito dos quadros que faltam e que figuraram na m/ retrospectiva.

Ela me disse que todos os quadros premiados na Bienal foram ao Rio para o Museu de Arte Moderna q. vai ser inaugurado agora.*

Estou ansiosa, esperando carta sua, meu querido Luis. Sua crônica "Carnaval na Rua" saiu hoje.

17-1-52. Luis querido, continuo esta, que levarei ao correio antes das 3 h. porque resolvi ir amanhã à fazenda pª voltar sábado, visto que Eulália precisa ir a Tietê, a chamado de um irmão, para tratar de negócios. Voltará 2ª feira à noite, saindo daqui sábado pela manhã. É justo que ela vá, pois ha 2 anos não vai à terra natal.

Já conversei com Liloca e Milton a respeito do Dito. É quase certo trazê-lo pª S. Paulo, pois penso que ele está na mesma. Ficará em casa do Milton. Se já estiver bom, tanto melhor.

Meu Luis querido, as saudades continuam. Tenho pedido insistentemente a Deus que o inspire para que haja uma solução, como V. diz, "justa e humana". A felicidade voltará com a paz de espírito, mas, enquanto se espera pela paz, quanto sofrimento!... Adeus, meu querido, beijo seu coração e envio o meu com esta imensa e dolorosa saudade.

Truly

Ontem e hoje (16,17) não saiu a crônica.

---

* EM 1952 O MAM DO RIO DE JANEIRO FOI TRANSFERIDO DAS DEPENDÊNCIAS DO BANCO BOA VISTA, NA CANDELÁRIA, PARA O PILOTIS DO PALÁCIO GUSTAVO CAPANEMA E ALI PERMANECEU ATÉ SE MUDAR PARA O ATERRO, EM 1958. NESSA SEGUNDA SEDE, FOI REALIZADA A PRIMEIRA GRANDE EXPOSIÇÃO DO MAM CARIOCA, CITADA POR TARSILA.

Santos, 16/1/952

Luís querido
São quase 2 horas da manhã e estou escrevendo
deitada, por isso esta letra pior ainda que a habitual.
Agora que todos estão dormindo e não há perigo de
interrupções ou da pergunta: "para quem você está
escrevendo?" (que me obrigaria uma vez mais a
mentir), venho conversar um pouco com você, meu bem.
Que saudades! Que falta você me tem feito! Nas suas
cronicas, nas suas poesias procuro um pouco de você,
mas esse alguem que encontro não me satisfaz
(é evidente que sim, literariamente), porque há
momentos em que meu amôr é absolutamente
exclusivista. Leio então o meu poema e me sinto mais
perto de você. Querido, você me ama muito e para
sempre? Você será carinhoso comigo mesmo depois de
passados anos e anos de casados? Idealizo o nosso amôr
para o resto da vida, como eu o sinto agora e mais
completo, pois que então nos amaremos sem restrições.
*   Recebi hoje carta de Antonietta. Ela já falou com o*
Odorico [TAVARES] *que foi amabilissimo e se prontificou a*
tudo mas precisa de todos os papéis para tomar as
providencias. Seria portanto bom que você assim os
recebesse do L. C., enviasse-os para lá, para Antonietta
ou Odorico. Mando-lhe minha certidão de casamento
[COM ALBERTO FREITAS, O PRIMEIRO MARIDO] *para que você a junte aos*
outros papéis.

Segundo o L. C. com quem falei ontem, tudo está em ordem. Ele nada mais tem a fazer. Está à espera de que marquemos a data para resolver si será possível ou não a ida dêles.

O que você acha de irmos no navio italiano da linha C. que parte daqui dia 15. Quero que você resolva e me escreva por causa da reserva de lugares. Si você estiver de acordo, já compro nossas passagens e você também pode providenciar a sua. Eu pediria então a Antonietta que arranjasse tudo para o dia 21. Está bom?

Você se lembra daquela minha amiga loura, Daisy [PROCHET], *que esteve em Sta. Tereza? Ela chegou daí a semana passada, esteve aqui em casa e me disse na maior ingenuidade: "Imagine quem eu vi no Rio 3 vêzes? O Luis Martins. As 3 vêzes no Maxim e com um pessôal alinhadissimo". Fiquei morrendo de curiosidade e fiz milhares de perguntas: "como é que o Luís estava? de que jeito eram as pessoas que estavam com êle?" etc. ... Imagino que tenham sido a Maria Alice e o Miran Latife. Eram? E os outros? Daisy disse-me que olhou bem para você mas que você não a reconheceu.*

Meu bem você tem escrito mais alguma coisa além das cronicas? O que você está lendo agora?

Hoje ouvi todos os meus discos francêses e principalmente "La Seine". Nossa vitrola agora está otima; papai mandou trocar o "pic-up" por um mais moderno que também toca discos "long-play" e mandou colocar uma chave por causa de Luís Alberto. Ele tem uns discos de histórias e adorava pô-los na vitrola sozinho; o resultado é que o "pic-up" vivia desregulado.

Estou ficando muito prolixa. Creio que são as saudades de uma prosa bem gostosa com você, meu bem.

*Até quando posso mandar as cartas em seu nome?**
Você arranjou a licença que estava pretendendo?
Querido, todo o carinho, todo o amôr da sua
Anna Maria

P. S. Não se esqueça de rasgar.

Antonietta na Fazenda das Pedras, em 1949

---

*TARSILA PLANEJAVA IR AO RIO DE JANEIRO EM BREVE, COMO SE VERÁ. DAÍ A PREOCUPAÇÃO DE MINHA MÃE.

Santa Teresa do Alto — 19-1-52, sábado.

Meu Luis muito querido,
Na fazenda tudo tem. Nada de notícias desagradáveis. A casa limpa, Zilda [A EMPREGADA], gorda e serena, me esperando. A piscina limpíssima, o jardim capinado, uma luz azulada pela casa, num tom festivo. Só faltava você, deitado no divan da sala grande junto à janela, rodeado de livros. Quantas saudades!

Daqui a pouco seguirei pª a estação sem o Dito porque não quer ir a S. Paulo, visto estar melhorando.

Estou ansiosa por ler sua anunciada carta. Meu coração bate de frio, sem saber o que ela encerra, enquanto eu digo: "Coragem! Tarsila, coragem!"

21-1-52 — à 1½ (segunda-feira)
Meu Luis querido, assim que cheguei da fazenda, sábado à tarde (vim de ónibus), encontrei sua esperada carta junto ao telefone. Pareceu-me que você estava mais calmo e isso me tranquilizou. Meu pensamento está constantemente junto de você, com vibrações de conforto.

Na fazenda, todos perguntaram quando você voltava e eu disse que v. estava m^{to} ocupado e não sabia.

O Batista justou um casal, com um filho pequeno, como colono. Eles vão bem e estão carpindo o café ao preço dos outros. O colono é m^{to} trabalhador. Veio de S. Luis: tinha uma empreitada lá.

Acabo de telefonar ao Hernani [SEABRA]: as 2as provas [POSSIVELMENTE DO LIVRO *O PATRIARCA E O BACHAREL*, PUBLICADO NO ANO SEGUINTE] ficarão prontas nestes 15 dias. Fiquei de dar seu endereço aí, para serem remetidas.

Estou com pressa p^a pegar o correio às 2,45 h. Domingo próximo, dia 27, seguirei para Petrópolis. Tenciono sair bem cedo de ónibus. Ao chegar, telefonarei para aí e, se você consentir, irei fazer uma visitinha ao casal Machado e levar a V. meu abraço de saudades muito rápido.

Aí vai meu coração e m/ imensa saudade.
Saudades à Didi e ao Machado.
T.

[vire]

Pelo amor de Deus, me escreva derramando sobre meu coração todo o seu sofrimento!

ACOMPANHAVA A CARTA ESTA FOTO DE TARSILA.

Santos 21/1/952

Meu adorado Luís,
Faz hoje um mês que não nos vemos. Estou com tantas saudades! E a nossa conversa pelo telefone foi tão curta! Eu queria falar muito mais, perguntar tanta coisa, saber tudo que você tem feito, mas não era possível. Temos que tratar primeiro do essencial para conseguirmos depois nos amar em paz.

    Meu bem, não fique nervoso, não se amargure tanto. Eu sei que você tem motivos de sobra para isso, que tudo é tão triste e dramatico, mas procure se distrair e controlar seus nervos. Agora mais do que nunca precisamos de calma e coragem para enfrentar o que se aproxima. Procure pensar mais em nossa futura casa, nossa vida tranquila e cheia de amôr; tente esquecer um pouco todo este sofrimento sobre o qual construimos nosso futuro. Eu sei que é dificil afastar isto do espirito, torna-se verdadeira obsessão; mas si nós não nos esforçarmos para afogar estes sentimentos, quando, em que dia poderemos ser felizes?

    Creio que você já deve estar com todos os papéis. Si ainda não os mandou, mande-os logo para a Bahia, sem o que nada poderá ser feito. Seria bom você escrever ao Odorico pedindo lhe que se comunique com você, para que possamos saber também por ele o que está acontecendo. Já avisei Antonietta que pretendemos sair daqui dia 15.

Estas 2 fotografias,* não sei si você achará boas, pareceram-me as melhores entre as que tenho no momento. Fico devendo as dedicatórias.

Um beijo muito carinhoso e todo o amôr da sua Anna Maria

*A DIZER PELO PAPELZINHO DOBRADO QUE FICOU DENTRO DO ENVELOPE, DUAS FOTOS 3 X 4.

S. Paulo — 21-1-52, às 9 ½ da noite.

Meu Luis querido,
Chegando em casa às 8 ½ da noite (fui entrevistar
[A PIANISTA] Yara Bernette), achei sua carta de 19 e 20
debaixo da porta. Você fez bem em me escrever
abrindo seu coração. Era justamente o que lhe pedia
na carta que seguiu hoje, 2ª feira. Ah! meu querido
Luis, como estou sofrendo com sua carta! Tudo quanto
V. me diz, já ouvi de sua boca muitas vezes, quando V.
voltava de madrugada para casa... Você me diz que eu
"inadvertidamente" consenti no seu amor e que nesse
dia eu o fiz "o mais infeliz dos homens". Ainda hoje,
quando saí pª o correio (que coincidência!), ia
pensando nisso e dizia comigo: "Se o Luis não me
tivesse (inadvertidamente) negado que havia uma
mulher na vida dele, a minha reação seria igual à que
tive posteriormente a 29 de agosto, quando ela me
telefonou"... Eu tinha certeza de que V. não falava
sério. Tinha confiança na minha situação. São coisas do
destino... Mas por que? meu Deus, por que tanto
sofrimento? Ah! Se eu pudesse ser indiferente a você...
Eu também tenho momentos de desespero e quero
também desabafar para sentir-me mais aliviada, como
aconteceu a você. Não quero que você torne a falar
em morrer. Essa idéia me é intolerável. Antes venha a
morte para mim, o que seria uma solução menos má.

Vou deixar esta carta para amanhã. Estou sofrendo demais e, como não posso deixar de ser sincera, poderia concorrer para aumentar sua angústia. As palavras escritas me doeram muito mais do que as faladas: "Amo, etc. ..." nem quero repetir suas palavras: elas são punhais que se enterram nas feridas do meu coração. Ah! meu querido Luis, mas por que estou eu dizendo estas coisas? Perdôe-me se estou sentindo necessidade premente de expansão. E eu que não quero ser estorvo na sua vida...

    Interrompi esta. E agora, 2 ½ h. (tenho tido muita insônia), quero dizer que farei tudo por me dominar, apesar de que ha pouco estive clamando aos céus em altas vozes, porque estou sòzinha em casa. Eulália não voltou hoje como prometeu. Depois que interrompi a carta, fui telefonar para "O Estado". Falei com Mario Neme. Ele procurou o Julhinho que disse estar tudo em ordem e que as crônicas, assim como outras notas importantes, não sairam por falta de espaço. Acho que V. deve escrever ao Julhinho e propôr pagamento mensal.

    Vou deixar para receber o dinheiro do jornal na minha volta do Rio. Não me demorarei aí. Quanto ao dinheiro da casa, acho que não é justo você me dar, visto não estar aqui. Amanhã, isto é, hoje, dia 22, providenciarei o conserto da calça. Vou arranjar tambem quem conserte as camisas. Sinto uma certa consolação em fazer alguma coisa para você.

    A Dulce ainda não chegou. Gosto que ela fique por aí. Ela gosta tanto da praia! Eu também fico às vezes olhando a capa do último número de "Seleções": Copacabana com seus arranha-ceus, com sua praia salpicada de cores, de guarda-sóis, de banhistas. Fixo meu olhar nas imediações do apartamento e mando para você minha imensa, minha dolorosa e desesperada saudade...

São 9 horas. Estou ha muito acordada, apesar de só ter dormido de madrugada. Sinto-me um pouco mais calma e volto meu espírito para a alma do Snr. Ascendino [MARTINS, PAI DE MEU PAI, MORTO EM 1948] para que ele me console, como no sonho do dia 30 de dezembro.*

Você me diz que não tem quase saido de casa. Eu também não tenho coragem para nada e evito nossos amigos.

Ontem Flávio Motta mandou provas da revista "Habitat" pª eu corrigir e fazer as legendas das reproduções que são muitas. Vai sair importante, mas eu estou absolutamente indiferente.

Meu querido Luis, deixe que eu me desabafe agora e não tenha receio de se encontrar comigo quando eu chegar no Rio. Isso me fará um grande bem e só com essa idéia sinto que estou mais tranquila.

A sua crônica não saiu hoje de novo. O melhor é mesmo falar com o Julhinho.

---

* PROFUNDAMENTE CATÓLICA, TARSILA FOI TAMBÉM UMA ENTUSIASTA DE ESPIRITISMO, ASTROLOGIA, NUMEROLOGIA, CARTOMANCIA E TODO TIPO DE CIÊNCIAS ESOTÉRICAS. A ESSE RESPEITO, É SABIDO QUE NOS ÚLTIMOS ANOS DE VIDA TERIA GRANDE PROXIMIDADE COM CHICO XAVIER (SOBRETUDO APÓS A MORTE DA FILHA DULCE, EM 1966), COM QUEM TROCARIA EXTENSA CORRESPONDÊNCIA. SEGUNDO UMA IRMÃ DE MEU PAI, NÃO ERA RARO TARSILA SONHAR COM MEUS AVÓS PATERNOS, AMBOS FALECIDOS, QUE, SEGUNDO ELA, LHE CONFIDENCIAVAM MENSAGENS PARA SEREM REPASSADAS À FAMÍLIA.

— Acabei ha pouco de rever as provas da "Habitat". Na 1ª página sai o fac-simile da homenagem que me veio de Paris. E eu que ainda não agradeci depois de um ano! Estou procedendo bem brasileiramente pois não tenho coragem de escrever.

Luis querido, agora que já disse quase tudo que tinha a dizer para me desabafar, estou me sentindo mais resignada. Minha saúde, para ser sincera, continua na mesma apesar do regime rigoroso. Isso é um bem porque não estou pior.

Mais uma vez peço que me perdôe por não ter forças para fingir e mandar uma carta animada. Você sabe que eu o quero muito, muito, e não posso ser indiferente ao que se passa e me martirizo pensando que o faço sofrer. Como seria bom se eu fosse indiferente!... Mas, depois de 18 anos e 5 mêses de convivência, isso não é humanamente possível.

Adeus, meu querido Luis, beijo-te o coração e envio o meu com a minha dolorosa saudade.

Truly.

Vou dar um artigo antigo para o jornal, pois a Bernette combinou ir comigo a S. Bernardo, onde está gravando uns discos para a Vera Cruz. Tônia Carrero faz o papel principal: a vida de uma pianista.* Bernette vai me dar alguns dados biográficos pª meu artigo. Contou-me coisas interessantes da sua vida artística nos EE.UU. Acho que me

---

* TRATA-SE DO FILME *APASSIONATA*, DIRIGIDO POR FERNANDO DE BARROS, EM QUE TÔNIA CARRERO FAZ O PAPEL DE SILVIA NOGALIS. O ARTIGO DE TARSILA SAIU NO **DIÁRIO DE S. PAULO** DE 6/4/1952.

fará bem um passeio com ela. Isso me obriga a pensar em outra coisa.

— Lembranças aos caros cunhados. (Até o último instante chamá-los-ei de cunhados e serei Truly e Martins. Concorda?)

[BILHETE]
Hesitei em mandar esta carta. Não tenho tempo de escrever outra. Estou agora bem mais tranquila, afastando idéias sinistras.

Leia e se esqueça.

Estou pensando no passado, no tempo em que eu era feliz sem o saber.

Isso me enche de ternura por você. Estive revendo nossas fotografias antigas e torno a viver as passagens da vida que se foi...

Hoje, 22, faz um mês que seguimos para o Rio. (Tenciono falar hoje com o Julhinho.)

Estou no correio. Sinto-me optimista e menos desagradável para você.

NO VERSO DA FOTO, QUE ACOMPANHAVA A CARTA, LÊ-SE: "ESTA FOTOGRAFIA HA MUITO ME ACOMPANHA NA MINHA BOLSA. ENVIO COMO UMA LEMBRANÇA PARA O MEU LUIS QUERIDO. TRULY, 22/1/52, S. PAULO".

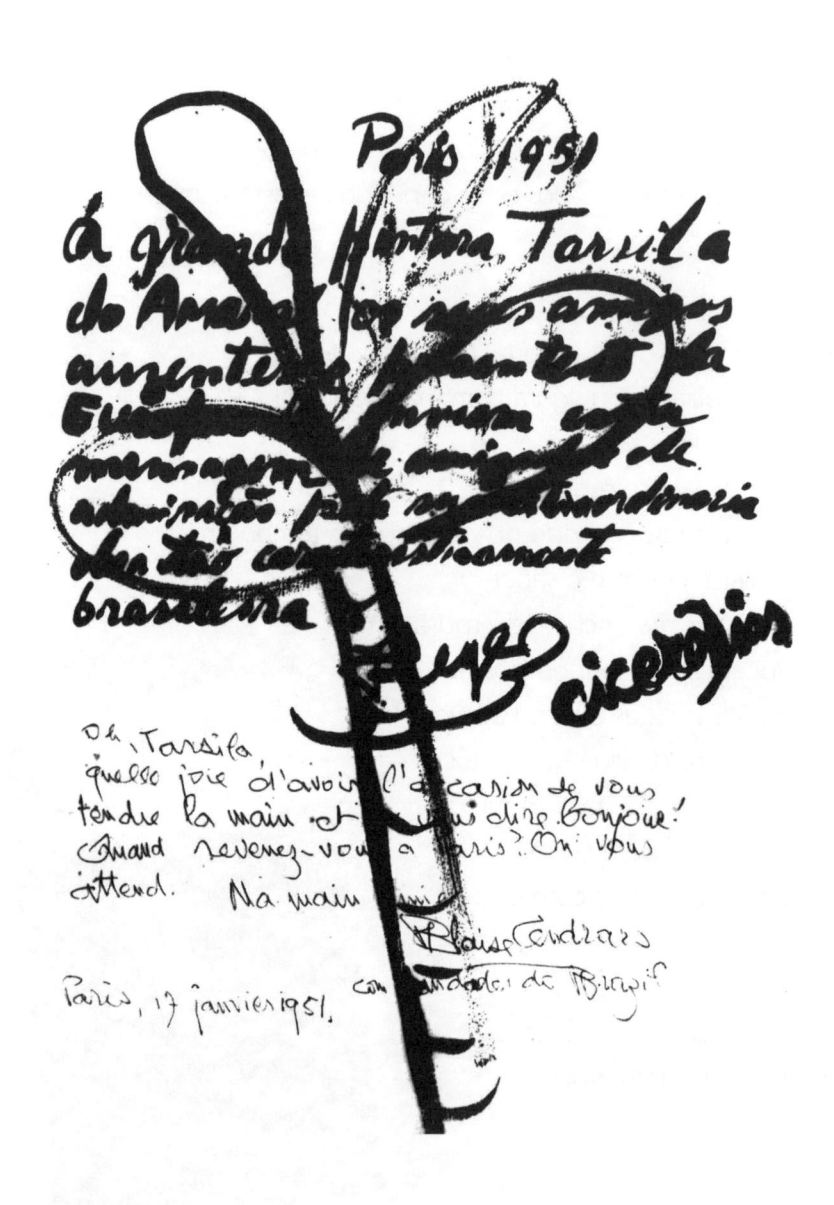

SOBRE ESTA HOMENAGEM A TARSILA, CONTA MEU PAI, EM SUAS MEMÓRIAS: "ENQUANTO EU ESTAVA NA EUROPA, O MUSEU DE ARTE MODERNA INAUGURARA, NA SUA ANTIGA SEDE DA RUA 7 DE ABRIL, UMA RETROSPECTIVA DE TODA A OBRA DE TARSILA, A PRIMEIRA QUE SE REALIZAVA EM SÃO PAULO DESDE 1929. CHEGUEI A TEMPO DE ASSISTIR À CERIMÔNIA DE ENCERRAMENTO DA EXPOSIÇÃO, QUANDO LHE FIZ ENTREGA DE UMA AFETUOSA MENSAGEM QUE TROUXERA DE PARIS, ASSINADA POR FERNAND LÉGER, CÍCERO DIAS E BLAISE CENDRARS".

Pedras 22/1/952

Meu querido Luis
Não consegui falar com o L. C. antes de vir para cá. Dia 1º antes de seguir para Santos, tentarei de novo comunicar-me com êle. Acho impossível que até essa data você ainda não tenha recebido os papéis, pois há uns dez dias, quando falei pela última vez com o L. C., êle me disse estarem em ordem e prontos para serem remetidos a você.

 Antonietta escreveu-me novamente. O Odorico pede que os papéis estejam lá com 20 dias de antecedência. Na impossibilidade disso há sempre meios de se dar um geito, mas seria preferível e muito mais fácil si pudessem ser enviados logo.

 Agora, quanto à nossa viagem: vi no Estado de hoje que o Andes parte de Santos a 13 de Fevereiro, com escalas no Rio, <u>Bahia</u>, etc. ... Você não acha que si conseguíssemos (o que acho um tanto difícil) passagens nêste navio, seria preferível ao outro? Não chegariamos assim tão perto do Carnaval. Si você também acha melhor, vá à Mala Real e veja si arranja passagem; eu farei o mesmo assim que chegar em Santos. Naturalmente deixarei tudo sujeito a confirmação, para poder desistir caso você não consiga lugar ou não ache viável a antecipação. Enquanto isso nossos lugares continuam reservados no Andréa C. Não entendo como informaram a você que êste navio só sairá do Rio a 19, quando em Santos me garantiram que êle chegaria a Bahia dia 18 (19 no máximo).

Salvo algum empecilho, dia 6, mais ou menos a 1 h. telefonarei. Estou saudosissima. Ontem precisei ir a Monte Serrat e passei ao lado de Sta. Tereza. Quanta recordação! Fui a estrada toda rememorando minhas idas a Sta. Tereza, nossos passeios, nossas conversas. Lembranças que se faziam tão melancólicas, tão impregnadas de sentimento de culpa que procurei afastá-las.

A casa aqui está cheia nêste fim de semana. A família em pêso. Só não vieram papai e mamãe; ficaram em Santos com Carmen que teve um filhinho dia 25. Chama-se Paulo.

As noites estão lindas e cheias de estrelas inúteis, como diria você. O terraço também está cheio de rêdes inúteis. Meu querido, escreva-me logo. Um beijo muito e muito carinhoso da sua
    Anna Maria

Santos, 8/2/952

Meu querido Luís
Depois de ter falado com você, fui pagar nossas passagens e procurei me informar si havia ainda lugar no navio. Disseram-me que há bastante, de modo que você podia voltar à Companhia e insistir mais na sua passagem. Eu quero tanto que você vá comigo, meu bem. Há quanto tempo vinhamos contando com essa viagem juntos e agora, além de tudo, ainda por cima isso!

    Estou ansiosa para encontrar com você; tenho passado noites péssimas e ando desesperada por tudo: a enorme pena de magoar Tarsila, de fazê-la sofrer tanto, a tristeza de ver mamãe e papai tão inocentes, tão à margem do que está acontecendo, a sua aflição; tudo me deixa amargurada. Vivo tão descontrolada que não consigo conter as lágrimas. Na rua, num onibus, quando percebo já estou com os olhos cheios de água. Imagino o que você tem passado. Meu querido, e por isso não vejo a hora de estar perto de você, para com meu amôr, minha ternura amenizar um pouco tudo isto.

    Às vezes tenho vontade de contar tudo a papai, mas ao mesmo tempo tenho muito medo. Acho mesmo que seria loucura faze-lo, porque no pé em que estão as coisas qualquer complicação transtornaria tudo. Tenho medo também que descubram qualquer coisa. Há 3 dias tia Liloca telefonou dizendo que queria vir aqui fazer uma visita. Felizmente só estava a empregada. Passei o resto do dia aflita, com receio de alguma novidade.

Falei há pouco com Helô, ela não poude se explicar muito bem porque havia gente perto, mas pelo que entendi hoje à tarde ela se encontrou com seu irmão no escritório do Coelho. Fiquei sem saber quem pegou o papel que estava faltando. Em todo o caso, penso que não fará diferença seja ele mandado para você ou diretamente à Bahia.

Não sei o que houve com sua última carta que até agora não chegou. Estou ansiosa principalmente para saber o que você me escreveu sôbre sua resolução em ficar no Rio. Fiquei abismada quando você me disse pelo telefone os preços de apartamentos aí. Aqui em S. Paulo, pelos anúncios que tenho visto, há muito apartamento de 2 quartos por 2 contos e 500. Enfim, isso você resolverá como achar melhor, e o que você decidir para mim está muito bem.

Segundo combinamos, dia 14 mais ou menos a 1 ½ telefonarei. Si não for possível dia 15 bem cedo.

Tenha calma, coragem; si Deus quizer tudo acabará bem. Um beijo e todo o amôr da sua

Anna Maria

Mas minha mãe não telefonou, nem no dia 14 nem no dia 15. Um grande imprevisto mudaria todos os seus planos. Em 14 de fevereiro ela telegrafou a meu pai, no Rio de Janeiro, e a Antonietta, em Salvador, dizendo que sua viagem para a Bahia estava cancelada. No dia seguinte, foi para São Paulo com os pais, Lúcia e Renato. Hospedaram-se como sempre na casa de tia Marieta, irmã de minha avó, que ficava a dois quarteirões da casa de Tarsila.

S. Paulo, 15-fevereiro, 1952 às 11¾ h.

Meu pobre e querido Luis,
Estou perplexa! Ha 15 minutos Ana Maria saiu daqui. A Eulalia me tinha dito que era a filha do Luis, m/ irmão. Desci pensando encontrar Heloisa. Imagine meu susto quando vi da escada que era Ana Maria. Ela me contou que não resistiu ver os pais chorando e Lucia passando mal a ponto de pensar q. ela estava morrendo. A. Maria disse que Lúcia <u>adivinhou</u> quando a viu chorando o dia todo na véspera do embarque. Ninguém poderia ter contado alguma coisa a Lúcia, pois eu <u>absolutam^{te}</u> não disse nada a <u>ninguém</u>. Dulce e Luisa também. Aliás, eu, mesmo depois da viagem a Baía, não tencionava tocar no assunto c/ ninguém. Disse a Ana Maria que, <u>por mim</u>, não queria o sacrifício dela mas ela disse que pensava também nos pais. Falei sobre a reação q. tive nestes últimos dias de completa resignação e serenidade.

 Mostrei a ela o telegrama q. passei ontem a você e frisei na expressão "perfeita resignação". Ao despedir-me, com lágrimas e abraços, disse q. mantinha minha afirmação e que, por mim, ela não desistisse da felicidade dela.

 Ah! meu querido Luis! Queria estar neste momento junto de você p^a q. suas lágrimas caissem nos meus ombros como você já fez outras vezes.

Aí vai m/ coração c/ o maior carinho. Sou sua <u>grande</u> e <u>incondicional</u> amiga. Nada peço para mim. Truly.

16-fevereiro-52.

Meu querido Luis, passei ontem todo o dia angustiada pensando no sofrimento de vocês.

Só Renato, Lucia, Luis e Marieta sabem do caso. Ana Maria pede reserva.

Vou mudar-me a 1 ou 2 de março porque estão reformando o apartamento, o mesmo q. eu queria alugar da outra vez.

Meus negócios estão melhorando. Já vendi 2 quadros por intermédio do Milton, sendo um p^a a Faculd^e de Medicina.

Dulce foi hoje de manhã empenhar as jóias dela e levantará 20.000,00 conforme avaliação anterior. Os 15.000,00 que faltam darei com o dinheiro dos quadros. Ela vai [PARA A INGLATERRA] trabalhando a bordo. Estou contente c/ a viagem dela, uma oportuni^{de} que não encontrará mais e q. tanto desejava.

Estou rezando p^a você ter calma. Que as bençãos de Deus caiam sobre você.

Aí vai meu coração de grande amiga.
Truly

S. Paulo — 17-2-52 — 10 ½ h.

Meu querido Luis,
Estou sem saber o que pensar dessa infâmia que fizeram com você, caluniando-o. Como não tenho presença de espírito, só depois, bem depois, atinei com a frieza de Lúcia falando comigo, apesar de que não foi absolutamente grosseira. Penso agora que ela me recrimina pelo facto de não ter avisado a família sobre o que ia acontecer (a viagem, etc.). Enfim, posso estar enganada.

      Não compreendo por que Ana Maria foi contar a você o que diziam e pensavam a seu respeito. De nada adiantava. Dizer que ela estava se deixando influenciar é <u>impossível</u>, pois <u>um grande amor passa por cima de tudo</u>. Dizer que ela quis desculpar a atitude dos pais (que ela adora), na oposição deles ao casamento, diante das más informações que não sei onde foram encontrar, é possível, assim como também é possível ela achar que você, na sua indignação, não pense tanto no amor e sofra menos. O melhor teria sido você não saber de nada. Eu também estou muito chocada com o que se passou e fico satisfeita comigo mesma por ter feito a sua defesa em meu detrimento.

      Ana Maria mostrou-me a carta que me escreveu ha tempos. Eu quis guardá-la mas ela disse que seria melhor destruir tudo. Subiu ao meu quarto e conversamos longamente, sentadas na cama, diante do seu retrato (da Inge) colocado ao lado. Disse-me que a gente nunca sabe qual a reação que se vai ter diante dos acontecimentos. Ela estava certa de resistir a tudo, mas, quando chegou na hora, não teve forças. Chorou o dia inteiro, o que deu motivo à desconfiança de Lúcia. Eu perguntei: "Como pôde Lúcia atinar com isso? Contaram alguma coisa? — Ela: "Não. Mamãe adivinhou. Intuição de mãe". Na hora da despedida, abraçamo-nos chorando e eu tornei a repetir que estava perfeitamente resignada e não queria o sacrifício dela. Ela me disse que jamais vocês seriam felizes: "Embora ele nada me dissesse na nossa vida em comum e eu tambem não dissesse uma palavra, nós saberiamos o que cada um de nós estava sofrendo e sentiriamos um espinho no coração". Insisti: "Estou resignada".

Agora, meu querido Luis, falemos noutro assunto. Quando disse pelo telefone que, se você quisesse, eu iria ao Rio, foi unicamente como amiga que poderia, como em outras ocasiões, consolar você. Mas não pense que eu irei perturbá-lo. Se a solidão lhe convier mais, jamais forçarei a nada, notando-se que meu sentimento é de piedade diante do seu sofrimento.

Quanto à viagem de Dulce, fiz ver a ela (e a convenci) que estou até satisfeita (!) em começar uma nova vida no meu apartamento e quem sabe se o que eu considero um mal resultará em bem, Deus não nos desampara e só nos manda a cruz que podemos carregar, etc. etc. Dulce tem sofrido muito. Agora eu sei avaliar o que ela passou quando foi abandonada e meu consolo é vê-la um pouco mais feliz. O apartamento dela é pago pelo Juca [VARELA, QUE FOI COMPANHEIRO DE DULCE] (a casa da r. Alagôas é dela em usofruto) e a viagem não me será muito pesada, visto precisar só de 15.000,00 e ter vendido quadros. Ainda não fui à fazenda e só irei para o pagamento. Tenho um primo m^{to} rico interessado em vendê-la ou comprar p^a ele mesmo. Ja conhece a fazenda. Tem automóvel e combinamos ir qualquer dia, passando algumas horas lá.

    Luis, neste momento em que você sofre, apegue-se a uma proteção espiritual e você será atendido. O tempo tudo arranja, tudo conserta. Dissessem-me isso na morte de Beatriz [A NETA] e eu ficaria revoltada. Você pode realizar seu desejo.

    Meu querido Luis, agradeço de todo o coração você querer ajudar-me nos negócios. Penso que poderei arranjar-me bem e nem precisarei vender os móveis a você, podendo você levar o que precisar. Quando telefonei a esse respeito as circunstâncias eram outras.

    Que seus pais (meus muito queridos amigos) derramem sobre seu coração paz e conforto.

    Aí vai meu coração repleto de piedade, ternura e também saudades muito serenas.

Truly.

Guardarei com carinho sua carta tão afetuosa, quase de despedida, que muito me comoveu (ja desta vez vinha o envelope com Tarsila do Amaral, sem o Martins).

    Abraços pª a queridíssima Didi e o Machado. De qualquer maneira, meu querido Luis, acho bom você vir antes de m/ mudança pª ver o q. é seu. O apart. está atrasado. Não sei se me mudo no dia 1 ou 2 de março. Pode ser mesmo alguns dias depois. Escreverei avisando. Você poderá vir e não procurar ninguém, voltando em seguida pª o Rio.

    Espero amanhã (2ª feira) sua carta, se não vier terça. O Florestano [ANTIQUÁRIO] vem 3ª feira ver algumas coisas q. quero vender porque não cabem no apartamento.

Santos, 18/2/1952

Luís querido,

Sim, querido apesar de tudo você ainda o é, Luís. Algumas horas de decepção e desilusão não poderiam repentinamente esmagar o que sinto por você.

Até a véspera de nosso embarque, eu estava firme, certíssima de tudo, mas muito nervosa e deprimida. Aquela luta entre sentimento e razão que se vinha processando em mim há tantos mêses chegara ao auge. Na hora do almoço tive um descontrole enorme, uma crise de choro, cuja razão naquele momento consegui ocultar. Passei o resto do dia triste e em silêncio. À noite, nova crise. Dessa vez, minhas forças esgotadas, não consegui esconder o motivo. Então a cena foi das mais emocionais. Meus paes ficaram transtornadissimos com o choque; mamãe teve um disparo de coração que só à custa de coramina cedeu. Prometi-lhes que desistiria da ida à Bahia.

No dia seguinte depois de ter telegrafado a você e a Antonietta, seguimos para S. Paulo. Procurei Tarsila; disse-lhe que havia prometido a meus paes renunciar a tudo. Ela me abraçou, também muito emocionada, e me falou no seu sofrimento todo, proveniente da resolução em abandoná-la. Era ela a confidente, em quem, abraçado, você chorava contando tudo que se passava comigo! Em todo caso, eu ficasse certa, a atitude dela continuaria a ser de renúncia (Ah! naquele instante, si eu pudesse imaginar como seria essa renuncia!)

Depois, Luis, eram todos a me fazer ver que o nosso casamento seria uma verdadeira loucura, não só pela sua situação de amante durante tantos anos, de uma prima-irmã de minha mãe mas pelo meio em que eu teria que viver. Com os meus princípios, minha educação, eu jamais seria feliz nesse meio. E contra você vinha tudo aquilo que me repugna repetir: suas ligações por interesse, sua pouca firmeza de caráter, etc. ... Você jamais poderia ser um orientador, um guia para meu filho. Com você, a vida para mim seria o início do despenhadeiro.

Pois bem, Luís, tudo, tudo que me disseram não conseguiu abalar minha confiança em você. Eu achava absurdo, impossível ser real toda essa monstruosidade. Você, que comigo sempre fôra bom, respeitoso, cheio de cuidados! Você, que na minha vida ocupara o lugar maior, a ponto de me fazer passar por cima do sofrimento de meus paes, da tristeza da família, do desespero de Tarsila, do escândalo, e, mais ainda do meu filho!

Ah! Luís, tudo, tudo pus à margem, mas quando eu soube hoje, de fonte segura, que Tarsila tem carta sua prometendo que depois de casado comigo, você iria procurá-la como <u>amante</u>, então tudo desmoronou. Não foi apenas minha confiança em você a ficar irremediavelmente abalada, mas minha confiança no ser humano. Você matou o que de melhor havia em mim. Mêses e mêses de sonho, de esperança e fé, com uma frase desfizeram-se na mais torpe das mentiras. Então Luís, você pretendia me sujeitar a essa situação infame, a mim que por você estava disposta a tudo?

A me separar de meus paes, a deixar meu filho, ainda que temporariamente, a enfrentar todos por aquilo que eu julgava ser o verdadeiro Amôr, por alguém que eu julgava ser um Homem.

Depois disso você acha que eu ainda posso crêr em alguma coisa? Si a pessoa que eu adorava, que contra todos e todas as evidencias me parecia a mais íntegra, a melhor, de um momento para o outro desmorona ante meus olhos. Tudo à minha volta está vazio, morto.

Fique com Tarsila, Luís. Ela talvez seja mais compreensiva e concorde em repartir você com outras. Eu jamais poderia. Tenho do Amôr e da Dignidade noções bem diferentes.

Seja feliz, si você ainda o puder; é o que lhe desejo de todo o coração e em nome de tudo que você foi para mim até ha alguns momentos.

Anna Maria

P.S. Peço-lhe que se entenda com o Luís Coelho a respeito das despesas com nossos papéis. Quanto aos provaveis gastos na Bahia, ficarão por minha conta. Pedi a Antonietta que tratasse de tudo e depois se entendesse comigo.

A. M.

APÓLOGO CRUEL

O homem já tinha mulher. Mas amou outra. E esta segunda lhe disse:

— Larga a tua mulher e casa comigo.

Ora, a sua velha companheira vivia com ele havia longos, longos anos, era muito boa, nunca o incomodava, amava-o sinceramente e ainda por cima estava doente. E o homem tinha o coração de banana. Mas amava. Então, endureceu o coração e largou a mulher.

A segunda, a que queria casar com ele, disse:

— Precisamos fazer uma viagem.

Ora, o homem não era rico. Não era rico e achava que o pouco que tinha poderia ser bem melhor empregado na arrumação do futuro apartamento. Mas amava. Então, tirou o dinheiro do banco e foi à companhia de navegação comprar passagens.

E a mulher disse:

— Agora, vamos providenciar para morar noutra cidade, que é melhor.

Ora, o homem era funcionário público e a transferência era uma complicação. Além disso, estava instalado naquela cidade e nela tinha certos pequenos interesses. Mas amava. Liquidou tudo, amolou duzentos amigos, andou de Seca para Meca, pediu, insistiu, implorou — e conseguiu a transferência.

Tudo pronto, depois de meses de lutas e de dramas íntimos, de noites sem dormir, de dias fatigados, de trabalhos adiados e interrompidos, e de vida toda complicada, procurou enfim a mulher, com as passagens na mão e um sorriso vitorioso e feliz no rosto cansado:

— Enfim, querida. Agora vamos?
— Não — respondeu a mulher.
— Não posso. Não posso porque mamãe não quer que eu vá. [...]

L.M.

Santos, 19/2/1952

Querido Luís,
Você deve estar amargurado e sofrendo muito. Avalio pelo que tenho passado. Mas, tenho certeza, isso não teria ditado a sua crônica de hoje: Apólogo Cruel! Crudelíssimo, torturante para mim, ver-me injustamente taxada de leviana, e por você. Si o seu intuito foi me fazer sofrer, pode ficar satisfeito, pois conseguiu-o plenamente.

Agora você já deve ter recebido a carta, na qual eu lhe contava o motivo da minha perda de confiança e tudo que senti ao saber as bases e condições em que você pretendia firmar o nosso casamento. Esse tristíssimo "ménage à trois", do qual inocentemente eu faria parte.

Luís, mesmo depois de tudo, só penso em você com saudade, com amôr, com tristeza pelo que aconteceu.

Peço-lhe que não devasse nossos sentimentos apenas pra satisfazer seu amôr-proprio. Não é justo que você torne público o que se passou entre nós, aproveitando-se de suas vantagens como escritor, de sua coluna diária no "Estado". Eu jamais teria chance de refutar qualquer coisa, seria só você a escrever, a escrever tudo que quizesse. Quando você precisar ou quizer me dizer alguma coisa, faça-o diretamente. Eu continuo a mesma, apenas muito mais triste, mais cética e mais vivida. *Anna Maria*

P.S. — Ainda posso lhe pedir que continue rasgando minhas cartas, como você sempre o fez e eu também o fiz com todas as suas?

UM PRECONCEITO PUERIL

Soube, um dia desses, de um caso muito triste: duas pessoas que se amam viram, subitamente, todo o seu futuro desfeito por oposição da família da moça. E por quê? Por vários motivos, mas um deles, pelo ridículo que encerra, merece um comentário especial: porque o rapaz é pintor e a família da noiva asseverava, apavorada, que depois de casada "ela iria viver em rodas de artistas". Parece incrível que em nossos dias (que diabo, afinal já não estamos no tempo do Romantismo) parece incrível que ainda exista gente que pense assim! [...]

L.M.

FOTO TIRADA POR OCASIÃO DA CONFERÊNCIA DE LUÍS MARTINS, "PINTURA MODERNA NO BRASIL", NA ASSOCIAÇÃO DOS ARTISTAS BRASILEIROS, RIO DE JANEIRO, 1936. SENTADOS, DA ESQUERDA PARA A DIREITA: TARSILA, LUÍS, MARIA PAULA ADAMI E A SRA. JAIME DE BARROS. EM PÉ: LEÃO VELOSO, GILBERTO TROMPOWSKY, CELSO KELLY, ANÍBAL MACHADO, PORTINARI (DE LADO), RAUL PEDROSA, BURLE MARX, AUSTREGÉSILO DE ATHAYDE, AUGUSTO RODRIGUES, PEREGRINO JR., GUIGNARD, SANTA ROSA E HUGO ADAMI.

S. Paulo — 19-2-52 — Terça-feira às 9 horas.

Meu querido Luis,

Quando disse a você, pelo telefone, que podia mandar a carta à A. Maria, não sabia ainda a minha situação perante a família do Renato e Marieta. Sou muito mal vista por eles pelo fato de não ter contado o que se passava. Devo ser para eles uma pessoa indigna, pois só agora (sou mesmo muito ingênua) estou ligando a atitude de Marieta não entrar em minha casa e ficar o tempo todo no jardim enquanto A. Maria e eu conversávamos demoradamente. Podia ser por discrição, mas, quando estávamos no meu quarto, a Eulália insistiu pª q. ela entrasse um pouco para descansar. A família do Renato seguiu domingo para Santos e a carta que tenho em mãos só pode ser entregue <u>pessoalmente</u>. Deve haver por lá uma grande fiscalização. Portanto, devolvo-a para que você a mande pelo corrêio, numa tentativa de que ela a receba. É claro q. não posso pôr meus pés na casa deles.

Quanto ao que V. me pede sobre informações a seu respeito, ja as dei antecipadamente. Ainda ontem conversei muito c/ Liloca (ela e Helena [FILHA DE "LILOCA" E MILTON] se mostram mto simpáticas e compreensivas. O Milton, discreto), li pª ela trechos de uma de suas cartas em q. você fala em me ajudar, etc. etc., falei sobre seu caráter, sua família q. é de gente honestíssima e outras coisas mais. Liloca ficou de comunicar tudo a Marieta e, na primeira oportunid^e, a Lúcia. Talvez tenha falado ontem mesmo com Marieta.

 Agora outro assunto: fiquei sentida com você pelo medo que V. tem que eu o "bombardeie" (carta à Dulce) com telegramas e insistência para ir ao Rio. Isso ja passou. Agora o seu medo se manifesta nesta última carta de 17. Eu ja disse a V. que tomei um apartamento e está tudo resolvido. Já estou em pensam^to vivendo nele. V. diz: "<u>peço que não venha ao Rio agora</u>". Eu ja tinha dito que não iria, pelo telefone, e minha carta, q. você deve ter recebido ontem dizia o motivo pelo qual me ofereci para ajudá-lo. Você deve saber q. eu tenho bastante dignidade para não solicitar a sua piedade — coisa humilhante p^a mim. Enfim, perdôo porque você deve estar desesperado. Soube de muitos pormenores em relação ao escândalo da viagem mas acho melhor pôr um ponto final nessas coisas, pois tenho a impressão de q. estou fazendo mexericos, coisa q. sempre achei repugnante. Se houver alguma coisa importante q. o afecte, comunicarei. Termino enviando aos queridos amigos Didi e Machado (dê o recado) um grande abraço. Não tenho tempo de escrever à querida Didi.
 Para você a grande amizade de sempre de
Tarsila

Se me pedirem informações a seu respeito, darei as melhores.

[BILHETE]
19-2-52

Quando Ana Maria me disse: "Agora está tudo acabado e você vai para o Rio", eu respondi: "Não irei". Um dia ela dirá a você, se é verdade.

      Não se aflija com as coisas que você tem aqui em casa. Na ocasião da mudança, levarei tudo e deixarei fechado num dos 2 quartos q. são grandes. Depois, com vagar, você dirá onde deverá ser tudo remetido, evitando-me assim encaixotamentos pª guarda-móveis. A primeira vez que eu fôr à fazenda, despacharei tudo que é seu, ou melhor, despacharei pª o apartamto, se as suas coisas estiverem lá, o que será em princípio do mês próximo.

A CARTA ESTRANHA

Nos bolsos de um vagabundo preso pela polícia quando dormia, totalmente embriagado, num banco de praça pública, foi encontrada a seguinte carta, que o pobre diabo não remeteu, talvez por falta de dinheiro para os selos:

"Minha senhora. Muito grato fiquei pela extrema gentileza sua em me comunicar que resolvera me arruinar completamente a vida; e extremamente comovido me senti ao saber que a senhora assim procedeu porque, afinal, eu sou um ser humano, que merecia pelo menos uma explicação. Não sei como lhe agradecer semelhante delicadeza. Mas, por amor da verdade, devo lhe advertir que a senhora se equivocou ao me conceder o estado e a condição de criatura humana. Trata-se evidentemente de um exagero, que só posso atribuir à sua excepcional bondade. De fato, porém, minha senhora, eu não sou uma criatura humana; eu sou um cão. A senhora não precisava de se ter dado ao incômodo de explicar nada; aos cães a gente distribui carinho ou pancada de acordo com a disposição em que se acha no momento, sem dizer por que afaga ou maltrata. Quem se interessa pelos sentimentos de um cão? Que importa aos homens que os cães sofram ou deixem de sofrer? Quem vai se incomodar em conhecer as complicações íntimas da vida de um cachorro? Ladro, pois, aqui estas considerações, vazadas na minha humilde linguagem canina, para lhe dizer que estarei sempre à disposição de seus caprichos, o que aliás não passa da obrigação de todos os cães, já que o destino os faz os mais fiéis amigos dos homens e os mais desavergonhados brinquedos das mulheres.

Quero também aproveitar a oportunidade para lhe fazer uma grave revelação, que tive em sonhos: além de cão, parece que sou também Carlitos. Ao menos, tudo me leva a crer na autenticidade dessa personalização. Lembra-se da pequenina, da grotesca, da comovente figura? Recorda-se dos sacrifícios que fazia, das lutas em que se empenhava, dos perigos que enfrentava, dos dramas que sofria? No fim da fita, a bem-amada casava sempre com outro. Ele ficava só e abandonado, com sua mágoa, sua humilhação, sua ignorada amargura, sua bengalinha torta, seu sorriso triste... Sim, Carlitos é o anjo tutelar de toda uma categoria de homens, de homens como eu (lá estou eu a me chamar de homem, desculpe-me), digo de cães como eu, de sensibilidade delicada, que parecem possuir a vocação do sofrimento e a fatalidade dos malogros.

Assim, como vê a senhora, sou alternadamente Carlitos e cão. Neste momento, contudo, me confesso muito mais cão que Carlitos. Tanto que, se me permite, interromperei aqui esta carta para uivar um pouco as minhas mágoas caninas à lua que nasce. Só ela, a velha e triste lua, entende a nossa linguagem misteriosa e melancólica, grito sinistro e desesperado na noite..."

A carta parava aqui bruscamente. Os policiais, que a leram, acharam muita graça.

L.M.

S. Paulo, 25-Fevereiro-1952

Meu querido Luis,

A carta que eu mostrei a Liloca (em sua defesa, pois vinha provar seus bons sentimentos) era de 14-2-52, véspera da viagem de Ana Maria. Você começava com: "Minha muito querida, e sempre querida Tarsila". Falava no seu sofrimento, na sua angústia pela nossa separação, sem coragem até o último instante de me dar a notícia definitiva. Depois você dizia: "... Tarsila, o que eu lhe disse um dia é verdade: sei que sou um homem condenado à infelicidade; de qualquer forma, seria infeliz. Tenho receio de nem sequer poder fazer a felicidade de outrem, pois estarei sempre marcado, estigmatizado pelo drama atroz que venho vivendo. Paguei muito alto a faculdade de escolher o meu futuro e tentar renovar a minha vida. Nunca, no fundo de mim mesmo, me perdoarei o que fiz você sofrer. Haverá sempre esse espinho no meu futuro. Se ha algum bálsamo que possa suavizar minha dor é a esperança (que você alimentou) de que seremos sempre amigos e que você saberá contar comigo como o amigo que sempre fui". Mais adiante: "Veja, Tarsila, veja o que sofri. Mas sempre pensei em você (na realidade pensei mais em você do que até mesmo em Ana Maria); você não me saia do cérebro e do coração. Angustiava-me não saber como você estava, não ter notícias, etc." E depois: "Tarsila, eu compreendo bem e sinto imensamente a sua amargura. Mas receio bem que você nunca venha a imaginar o que na realidade sofri. E o que estou sofrendo".

Mais um trecho importante: "... quero que você saiba que farei sempre por você o que puder. Infelizmente, como você mesma pode imaginar, posso muito pouco: começo agora a minha vida partindo de zero, sem ter ainda nada estabelecido e certo, tudo perspectivas e hipóteses... E com a responsabilidade de uma família." "... Em todo caso, Tarsila, nas proporções humildes das minhas possibilidades, estarei sempre disposto a fazer o que puder. Retire o dinheiro da casa na Associação de Escritores, a quantia de sempre. Se precisar de mais alguma coisa, escreva-me." "... E não tenha nenhum acanhamento de dizer o que você necessita, porque entre nós não pode haver acanhamento. Até você acertar a sua vida creio ser de minha obrigação não a desamparar. Gostaria que não apenas nesse terreno econômico, mas também no afetivo e sentimental, você aceitasse de mim tudo o que lhe posso dar — e que é a minha profunda, sincera e inalterável amizade, todo o meu afeto, o meu carinho, a minha ternura — uma afeição nascida de uma intimidade de 18 anos, que a gente não pode esquecer. Espero ainda em Deus e na fatalidade das coisas que um dia, passado o primeiro choque, possamos estar todos juntos na maior cordialidade e afeição recíproca. De minha parte, tratarei sempre você com a ternura profunda que sinto realmente e hei de lhe querer eternamente o grande bem que você sabe (sei que você sabe) que eu lhe dedico. Todo o carinho e toda a grande saudade do Luis".

Eis os trechos principais da sua carta tão boa, tão humana. Depois do seu telefonema falei com Liloca. Ao contar-lhe que Ana Maria tinha escrito a você que sabia de fonte limpa que você pretendia continuar sendo meu amante, ela admirou-se e disse: "Com certeza foi por causa daquela carta. Conversando com Marieta, falei do carinho, da amizade, da boa vontade do Luis em ajudar você. Nunca disse que ele seria seu amante, coisa deprimente para você". Veja, Luis, como as notícias se alteram. A carta que você me escreveu poderia ter sido lida por Ana Maria, pois ela estava de acordo em que você continuaria sendo sempre meu amigo (amigo e amante são coisas diferentes), você poderia visitar-me diariamente, jantar comigo (se possível) com a anuência dela, conforme você me disse muitas vezes. Com a lealdade com que você lhe falou, ela sabia que você continuaria sendo sempre meu amigo. Afinal de contas, todas as acusações contra você recaem sobre mim.

Bem, meu querido Luis, espero que seja esta a última das acusações e que não venham aumentar a aflição ao aflito. Espero tambem não me envolver mais nesse assunto. Entretanto, para a sua defesa, estou disposta a dizer <u>a verdade</u> com absoluta honestidade.

Termino com a minha grande e profunda amizade de sempre.

Tarsila

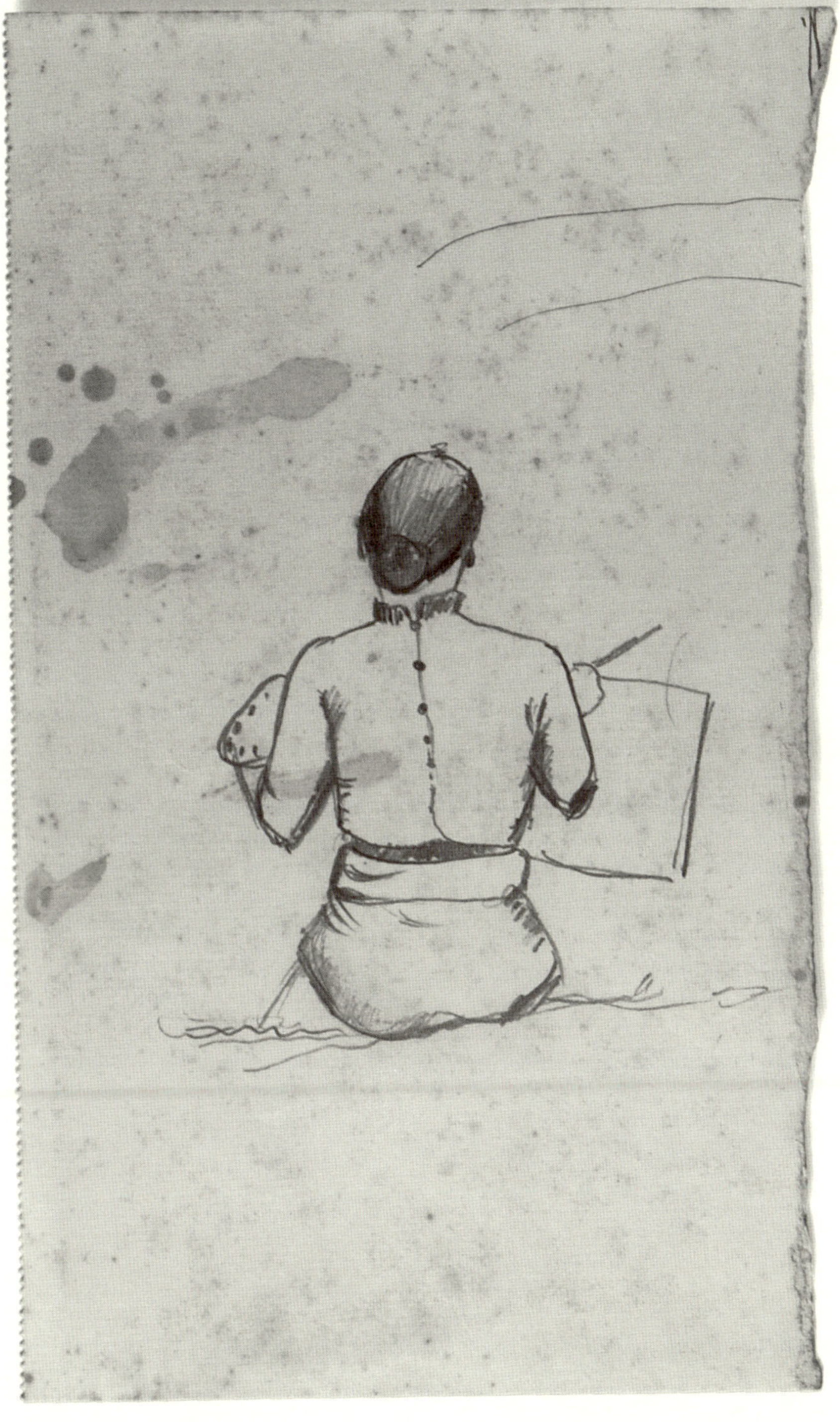

A ETERNA HISTÓRIA

Tenho um amigo que sofreu recentemente um grande desgosto de amor. Encontro-o quase todas as noites em certo bar, onde costumo tomar um refresco para amenizar as agruras deste verão. Ele está firme no uísque. Afirma que o uísque tem desconhecidas qualidade alimentícias e, a ser verdade o que conta, parece que tem mesmo. Diz ele que se deita todas as noites às cinco horas da madrugada. Levanta-se às 8 e meia ou 9 horas e passa o dia inteiro alimentando-se de cafezinhos. Às dez ou onze da noite sai de casa e troca então o café pelo uísque. Durante todo esse tempo fuma uns cinco ou seis maços de cigarro. Com esse estranho regime, sente-se fisicamente tão bem disposto como nunca; antes era um homem facilmente acessível a embriaguez e sentia às vezes grande indisposição para trabalhar; agora faz com regularidade tudo que tem a fazer e pode beber a noite inteira sem se embriagar. Fala-me do seu caso com esse jeito meio comovente, meio ridículo de todos os apaixonados. Que posso fazer para consolá-lo? Não sou muito entendido em casos de amor e o máximo que lhe posso dizer é o que sempre se diz nessas circunstâncias: que ele precisa reagir, que afinal a moça não merece os sacrifícios que ele faz, que mulheres não faltam nesse mundo — essas bobagens. Ele olha-me meio surpreendido como se eu tivesse dito uma asneira qualquer. Depois sacode a cabeça e começa a se lamentar.

— O que eu não posso compreender é a atitude dessa mulher.

Respondo que as mulheres são assim mesmo: ninguém as entende.

— É — concorda ele, meio aborrecido com a interrupção. — Veja só isso: essa moça me amava com o maior amor deste mundo. Eu era tudo para ela. Não podia viver sem mim. Não me amava: adorava-me. Pois bem. De um momento para o outro, fica tão indiferente que nem sequer me dá um telefonema para saber como estou passando, se estou vivo, se estou morto... Você entende isso?

Respondo que não. Realmente... E, para mudar de assunto, lembro-me de acrescentar que toda gente já passou por essas coisas; olhe, eu mesmo...

— Sim — retruca-me com impaciência. — Você passou, quando era moço. Quando a gente tem vinte anos, é fácil reagir. Mas na minha idade...

Sinceramente, apesar de toda a minha boa vontade, acho-o meio grotesco. No fundo, irrita-me um pouco vê-lo dar espetáculo. E com certo jeito, consigo mesmo insinuar isto a ele.

— Quem me importa! — responde. — Estou indiferente a tudo, até ao ridículo.

Quando um homem chega a esse ponto, que se pode fazer? Digo que estou muito triste com o que aconteceu e ofereço-lhe a minha simpatia. Ele agradece, mas afirma que preferia que eu lhe oferecesse um uísque. E é o que eu faço, enquanto bebo tranqüilamente o meu refresco.

Aqui entre nós: que grande asno que é esse meu amigo!

L.M.

25-2-52 — S. Paulo

Meu querido Luis,
Quando falei com você pelo telefone, fiquei nervosa porque entendi que você me queria obrigar a escrever para Ana Maria. Eu não quero mais saber daquela família que se diz católica e não pratica os preceitos de Cristo. Quando você disse: "Exijo que você escreva, senão brigo com você" fiquei mais revoltada, pois tive a impressão de que V. estava pensando que eu não o queria defender. Como disse, antecipei o seu pedido de dizer à família o q. você é, tanto assim que mostrei a Liloca a sua carta de 14-2-52 na qual você mostrava que não era um aproveitador, mas sim q. queria ajudar-me pagando as despesas da casa sem estar aqui, etc., além do carinho e da amizade que conservava por mim. Liloca é inteligente e sabe que amor e amizade são coisas diferentes. Como não quero escrever à família do Renato, envio uma cópia da carta dirigida a você, que A. Maria poderá ler quando você escrever a ela. Ja me saí mal quando, a seu pedido, falei com Lucia. Ana Maria, não defendendo você, deu a impressão de que a mentirosa fui eu.

  Ontem passei o dia todo em casa (choveu torrencialmente) arranjando e embrulhando minhas louças, etc., pª a mudança. Como é difícil recomeçar a vida! Quanto trabalho, quanta incerteza! Ao menos, se eu soubesse que você estava feliz... daria por bem empregadas todas as minhas apreensões. Arranjei tudo que é seu numa caixa, bem acondicionado, isto é, todas as miudezas, bibelôs de cerâmica, etc. Agora é que sinto realmente que minha vida mudou. Não disse uma palavra a ninguém, nem mesmo a Lalaide [GODÓI] q. é minha íntima amiga. Ontem às 7 ½ da noite, (domingo) telefonei p^a aí. Sem resposta, deduzi que tinham ido a Jacarepaguá [ONDE MORAVA UM IRMÃO DE MEU PAI], O que se confirmou quando pedi ligação hoje às 10 horas da manhã. Queria explicar a você porque tinha ficado irritada.

Peço a V. dar um abraço aos queridos amigos Didi e Machado. Não tenho tempo de escrever. Estou agora tão cansada que deixo p^a depois.

Ontem, observando os vasos do jardim, vi que a mudinha de "onze horas" que eu trouxe do túmulo do Snr. Ascendino, como lembrança, está toda florida. Parece-me uma mensagem dele, mensagem de paz e resignação.

O Sérgio mandou pedir o livro q. emprestou a você. A moça que telefonou perguntou se eu sabia seu endereço. Eu covardemente respondi: "Sei. Não faz muito tempo que vim do Rio, quando ele me telefonar, falarei sobre o assunto". Nos primeiros dias de março irei à fazenda p^a o pagamento. Ha tempos o Geraldo telefonou p^a saber quando eu ia. Contou que o Dito está completam^{te} bom e vai trabalhando.

Escreva-me, Luis. Quero saber do seu estado de espírito porque continuo sua grande amiga de sempre,

T.

Acho que as crônicas pessoais estão m^{to} insistentes. Ontem saiu "A eterna história". Toda a gente está sabendo que é com você. Mostre-se superior.

Parece estar encaminhada a venda da fazenda. Às vezes penso em ir p^a lá e não sair mais.

5,20 h. Estou no correio. Por me sentir cansadíssima não preenchi o questionário que mandarei oportunamente. Estou ha 3 dias com uma cistite que está me incomodando bem, devido à muita chuva que apanhei. O Milton receitou-me penicilina. Como melhorei ontem, não tomei, mas agora, saindo daqui, irei à farmácia. Sei que amanhã ou depois estarei boa, visto minha resistência física não falhar, apesar de que estou me sentindo com um pouco de febre.

Adeus, meu querido Luis, que as bençãos de Deus e a paz desçam sobre seu coração.

T.

A PROPÓSITO DE CORAÇÕES

Os pais são, muitas vezes, os maiores inimigos dos filhos. Contei aqui há dias o caso de uma família que se opôs ao casamento de uma jovem, simplesmente porque o rapaz de que ela gostava era pintor. Isso me fez lembrar depois outro caso, mais antigo, que na época foi muito comentado entre amigos meus. Uma mulher e um homem se amaram, esse acontecimento mais antigo da Humanidade. Aconteceu, porém, que o pai da moça tinha ouvido falar certas coisas desagradáveis a respeito do rapaz. Que faz um pai sensato numa circunstância dessas? Numa circunstância dessas, um pai sensato chama a filha e diz:

— Olhe, minha filha. Há na vida desse rapaz certas coisas que, a se julgar pelas aparências, não me parecem muito recomendáveis. Mas eu não sou homem capaz de julgar pelas aparências. De forma que vamos fazer uma coisa: vamos investigar direitinho os seus antecedentes e, se o que se diz por aí for falso, não me oponho ao casamento.

Isso faz um pai sensato. Mas aquele pai não era sensato. Aquele era um pai cruel que pensava poder governar ditatorialmente o coração da filha. E, sendo assim, fez uma gritaria medonha e se opôs formalmente ao casamento. A jovem, apesar de maior e independente, cedeu ao capricho paterno e rompeu tudo. A conseqüência trágica da história toda é que o rapaz, que amava sinceramente a moça, ficou alucinado, deu para beber, abandonou o emprego, ficou sem dinheiro e um dia, numa situação desesperada, meteu uma bala nos miolos. Depois veio a se saber que não tinha nenhum dos defeitos de que o acusavam; mas já era um pouco tarde.

Agora, pergunto eu, essa moça que viu sua felicidade para sempre estragada e o homem que amava morto por sua causa não tinha direito de julgar seu pai seu maior inimigo? Tinha. Talvez nunca viesse a dizer nada, mas no fundo de seu coração haveria de guardar um ressentimento magoado e profundo, um desses sentimentos que marcam a criatura para toda a vida.

Tenho-me dedicado ultimamente à ocupação um pouco desagradável de estudar o coração humano. Digo um pouco desagradável porque, muitas vezes, lembro o trabalho desses limpadores de esgoto, que são obrigados a trabalhar na lama. No caso daquele pai, o coração não era de lama, mas de pedra. Agora, para sermos sinceros, devemos também reconhecer que o coração da moça era de matéria plástica...

Como vêem os leitores, em matéria de corações, eu agora ando treinadíssimo.

L.M.

S. Paulo — 29-2-52. Às 11 horas. Sexta-feira

Meu querido Luis,
Estou apreensiva sem notícias suas. Hoje tambem não saiu a crônica. Vou, nesta carta, dar todas as notícias que soube ontem, em casa de Liloca. Só ontem vi Liloca, pois ela tinha ido passar o carnaval na fazenda [SÃO JERÔNIMO, EM MOMBUCA]. Almocei lá e não tocamos no caso. Depois do almoço Marieta telefonou. A empregada respondeu: "D. Liloca saiu mas volta logo." Quando Liloca chegou, conversei com ela a respeito do seu telefonema aflito e indignado, falei da irritação que senti ao ver que você parecia estar atribuindo a mim a tal notícia de "amante". Liloca falou com Marieta (eu ao lado) e vi que ela, Marieta, estava comentando as suas crônicas. Contou que a Ana Maria tinha recebido carta sua na fazenda e disse que não sabia como você foi avisado de que A.M. ia para lá. (Naturalmente atribuiu a mim a informação.) Marieta afirmou que <u>não disse absolutamente que você, depois de casado, continuaria meu amante</u>. Liloca disse que você me telefonou e escreveu a respeito. Marieta disse: "Então deve ser exagero dele". Liloca: "Pode ser também que seja exagero de Ana Maria que, talvez, procure pretexto para terminar tudo". Mostrei (antes do telefonema) a Liloca a cópia da carta que lhe mandei e ela disse: "Acho que essa carta tão carinhosa só vem provar os

bons sentimentos do Luis, pois ele seria até desumano se não conservasse por você uma amizade profunda, depois de tantos anos de convivência." Ouvi o que ela disse a Marieta, afirmando que ela, Liloca, nunca pensou que você iria ser meu amante, "coisa que Tarsila não aceitaria e que viria depôr contra a dignidade dela". E insistiu em dizer que sua carta era de profunda amizade e sofrimento pela separação e comentou que amizade não era amor.

  Bem, meu querido Luis, depois dessas notícias, quero ver se não toco mais nesse assunto. Disse a Liloca que escreveria a você, contando o q. se passou, e não queria mais envolver o nome dela nesses falatórios e nem saber de mais nada, com o que ela concordou, dizendo que quanto mais se fala mais aparecem coisas desagradáveis.

  Estou com uma imensa pena de você. Parece que eu estava adivinhando quando dizia a você que duvidava da sua felicidade. E você insistia em fazer "uma tentativa". Lembra-se? Você de antemão aceitava as consequências da sua resolução. Mostre-se agora um homem forte. Lembre-se de que nós não somos os únicos a viver um drama doloroso e aceitemos as coisas como elas vieram. Você insistia em me dizer: "Tout passe, tout casse, tout lasse", apesar de que eu não gostava de ouvir suas palavras, pois era uma alusão à nossa vida. Mas na vida tudo se refaz. Quanto a mim, sinto que estou resistindo aos sofrimentos e, sinceramente, preferiria que os sofrimentos recaissem unicamente em mim.

Peço a Deus que nada mais de absurdo aconteça com você e que eu não tenha notícia nenhuma desagradável a transmitir.

Meu querido Luis, quando escrevi a você, 2ª feira passada dizia q. remeteria oportunamente o questionário. Cheguei doente em casa com 39 de febre, mas a penicilina me deixou boa no dia seguinte. Procurei a carta com o questionário e não a encontrei. Tinha se juntado a cartas e papéis seus que estavam na sua escrivaninha e que eu já tinha embrulhado. Depois de muito bater a cabeça (sabia que não tinha perdido) atinei que poderia estar num dos embrulhos. Remeto hoje o questinário devidamente e honestissimamente preenchido. Você sabe que eu digo as coisas como elas são. Poderia dizer q. você só sustentava a casa. Mas não minto.

Só me mudarei em fins de março (bem no fim), pois o serviço do apartamento está atrasado. Melhor para mim. Não precisarei correr. No dia 5 de março (dia de seus anos) irei de automóvel com o Florestano e um amigo à fazenda fazer pagm.to. Esse amigo do Florestano é pretendente a Santa Tereza.

Eu queria pedir a você um favor. Se não fôr de boa vontade não faça: escrever ao Batista dizendo q. soube por mim que o Dito já está trabalhando e q. você ainda se demora no Rio. Isso me dá autoridade e prestígio perante eles. Não sou uma mulher abandonada perante eles. Depois venderei a fazenda e as notícias que corram sobre nossa vida.

Meu querido Luis, que as bençãos dos céus se derramem sobre você. Aí vai meu coração com a profunda amizade de sempre.
T.

[NO VERSO]

Quando Marieta falou com Liloca sobre suas crônicas, tive, pelo que Liloca respondia no telefone, a impressão de que ela comentava sobre sua insistência. Não dê mais confiança.

LEIAM MAQUIAVEL

Um escritor tinha um livro manuscrito cobiçado por dois editores para publicação — digamos, o editor A, que reside no Rio, e o editor B, que tem sua casa instalada em São Paulo. Ambos eram amigos do escritor, que mora na capital da República. O escritor escolheu o editor A e escreveu ao editor de São Paulo uma carta muito afetuosa em que lhe explicava as razões da preferência que dera ao outro, porém manifestando o desejo de que a velha amizade que os ligava continuasse inalterada. E entregou os originais ao editor A. Qual não foi seu assombro quando, dias depois, recebe em casa os originais de volta, com uma carta indignada em que A lhe dizia ter sabido, de "fonte segura", que ele procedera incorretamente, pois, ao mesmo tempo que lhe propunha a publicação da obra fazia a mesma coisa com seu rival paulista!

O escritor, meio tonto, correu imediatamente à casa comercial de A, para exigir explicações.

— Você me conhece e sabe que eu seria absolutamente incapaz de tal procedimento. Como foi acreditar numa coisa dessas?

Obstinado, o editor só sabia responder:

— Tenho certeza. Soube de fonte segura.

O escritor quase ia tendo um acesso de loucura furiosa quando, subitamente, seus olhos pousaram por acaso no telefone sobre a mesa. Teve uma inspiração.

— Você me permite que faça uma ligação para São Paulo?

— Pois não.

Em comunicação com o editor de São Paulo, o escritor perguntou-lhe:

— Olhe, Fulano. Em algum dia lhe propus publicação do meu livro?

— Absolutamente. Você sabe que não propôs — espantou-se o outro.

— Então, você vai me fazer um favor. Escreva-me imediatamente uma carta dizendo isso e junte a ela cópia da carta que lhe mandei. Depois lhe explico o motivo.

Dois dias depois, recebia, em porte expresso, o que solicitara. Não sei qual a cara que fez o editor carioca e muito menos a tal "fonte segura" que o informara. O que sei é o seguinte: esse intrigante era um homem sem imaginação. O que, aliás, parece ser o mal da maioria dos intrigantes. Se aquele indivíduo queria mesmo fazer uma intriga, por que foi escolher uma coisa tão pueril, tão ridícula, tão fácil de ser desfeita? Então não via logo que o escritor, com um simples telefonema, podia desmanchar todo o enredo?

A intriga é uma arte difícil. Requer imaginação, inteligência, astúcia, agilidade de espírito e uma capacidade tão grande de embrulhar as coisas, que as suas histórias acabem sempre como esses novelos de linha que se embaralham e de que ninguém é capaz de encontrar a meada. Há, no gênero, verdadeiras obras-primas, naturalmente ignóbeis, mas que afinal acabam despertando certa admiração pela sutileza, pela inteligência plástica e sinuosa que revelam. São obras que exigem a capacidade de um Maquiavel.

E este seria o conselho que eu me permitiria dar aos que acaso desejem se dedicar ao terrível e tenebroso esporte da calúnia:

— Leiam Maquiavel.

L.M.

4

Cara Tarsila.

Peço a você responder, com sua própria letra e com toda a lealdade de que a sei capaz, a cada uma das perguntas abaixo, assinando depois. Peço que responda com absoluta sinceridade e sem qualquer constrangimento.

Ficarei gratíssimo se você me fizer em favor

Luis Martins

1). Quando a conheci e gostei de você, tratei, por qualquer meio, direto ou indireto, de saber se você tinha ou não dinheiro?

R). Seu amor foi absolutamente desinteressado.

2). Nesse tempo, qual era a sua situação financeira?

R). Muito má.

3). Não é verdade que nesse tempo a fazenda estava hipotecada e as probabilidades de que você viesse a entrar na plena posse dela eram mínimas, visto que de regra o reajustamento era feito apenas pela metade da importância da hipoteca e você não tinha dinheiro para cobrir a outra metade?

R). É verdade.

4). Não é verdade que, logo após o começo de nossa ligação, eu estava em excelente situação no Rio, chegando até a trabalhar no gabinete do Ministro da Justiça?

R). É verdade.

EIS O "QUESTIONÁRIO" MENCIONADO POR TARSILA. COMO SE TRATA DO ORIGINAL, DEDUZ-SE QUE MAIS TARDE MEU PAI DESISTIU DE ENVIÁ-LO A MEUS AVÓS, COMO ERA SUA ÓBVIA INTENÇÃO.

Cara Tarsila,

Peço a você responder, com sua própria letra e com toda a lealdade de que a sei capaz, a cada uma das perguntas abaixo, assinando depois. Peço que responda com absoluta sinceridade e sem qualquer constrangimento.
Ficaria gratíssimo se você me fizesse esse favor.

              Luís Martins

1) Quando a conheci e gostei de você, tratei, por qualquer meio, direto ou indireto, de saber se você tinha ou não dinheiro?
  R) Seu amor foi absolutamente desinteressado.

2) Nesse tempo, qual era a sua situação financeira?
  R) Muito má.

3) Não é verdade que nesse tempo a fazenda estava hipotecada e as probabilidades de que você viesse a entrar na plena posse dela eram mínimas, visto que de regra o reajustamento era feito apenas pela metade da importância da hipoteca e você não tinha dinheiro para cobrir a outra metade?
  R) É verdade.

4) Não é verdade que, logo após o começo de nossa ligação, eu estava em excelente situação no Rio, chegando até a trabalhar no gabinete do Ministro da Justiça?
  R) É verdade.

5) Quem pagava o aluguel do nosso apartamento e as despezas todas da casa?
  R) Era você.

6) Ao ir para São Paulo eu não tratei logo de ser nomeado para o Ministério da Educação, como inspetor de ensino secundario? E que alem disso, sempre ganhei dinheiro como jornalista?
R) Respondo afirmativamente.

7) Quando me meti a tomar conta da fazenda não foi para ajuda-la, dada a difícil situação em que deixara um administrador desonesto?*
R) É verdade que você me ajudou e conseguiu melhorar a fazenda.

8) Eu tirei alguma vez dinheiro da fazenda para mim?
R) Não.

9) Quando se vende a safra do café, quem trata da venda e de receber o dinheiro?
R) Eu.

10) Desse dinheiro, eu algum dia perguntei a você o que dele faz, ou sequer me interessei em saber quanto você deposita e a situação de sua conta corrente?
R) Não.

11) Por qualquer outro modo tirei algum dia lucro pessoal da fazenda?
R) Não.

12) Não é verdade que, em situações difíceis para você, uma ou duas vezes, lhe adiantei dinheiro do meu bolso para a manutenção da fazenda?
R) É verdade.

* HOUVE, DE FATO, UM PRIMO DISTANTE DE TARSILA QUE, POR SUAS PRÁTICAS COMERCIAIS "POUCO CONVENCIONAIS", QUASE FEZ AS FINANÇAS DE SANTA TERESA IREM POR ÁGUA ABAIXO. TARSILA, COM A DELICADEZA DE SEMPRE, ESQUIVA-SE DA ADJETIVAÇÃO ATRIBUÍDA A SEU PARENTE.

13) Você me dá dinheiro?
R) Não.

14) Você me dá conta detalhada de seus negocios pessoais, por exemplo, me explica que destina tal ou qual quantia para esse ou aquele fim?
R) Não.

15) Quem paga as despesas da nossa casa?
R) Nós ambos, sendo que você paga muito mais que eu.

16) Você já soube algum dia que eu devesse a alguém ou deixasse de pagar qualquer dívida?
R) Nunca. Afirmo que você é honesto.

17) Qual era a reputação que tinha meu pai nos meios comerciais do Rio de Janeiro?
R) A melhor possível. Era honestíssimo por tradição de família.

18) Você conhece meus irmãos. Que impressão tem de seu caráter?
R) São todos corretíssimos, influenciados pelos seus pais.

19) Não é verdade que, se eu quisesse viver numa casa sem pagar, tinha até 1948 a de meus pais na rua do Bispo, no Rio?
R) É verdade.

20) Em relação à casa da rua Caiubi, qual a impressão que a casa da rua do Bispo lhe dava? Melhor ou pior?
R) Nem se pode comparar. A casa da rua do Bispo é muito melhor.

21) Não é verdade que, por morte de meu pai, recebi uma herança avaliada em mais de 300.000 cruzeiros?
R) Sei que recebeu herança, mas não sei quanto foi.

(Obs. — Tenho comigo o formal de partilha)

22) Não é verdade que, alem dessa herança, ainda tinha eu a 6ª parte na Casa da rua do Bispo, da legitima de minha mãe, cuja venda foi recentemente realizada por 750.000 cruzeiros?
R) É verdade. Eu estive a par desse negócio.

(Obs. — Aliás, muito mal vendida, justamente por sermos seis condominos. Meu pai recusara por ela, anos antes, muito mais de mil contos.)

23) Quem custeou minha viagem à Europa?
R) Exclusivamente você.

24) Você me conhece intimamente. Julga-me capaz de me casar por dinheiro?
R) Não.

25) Não é verdade que, ainda agora, depois de estar no Rio, continuo a lhe mandar todos os mezes o dinheiro da casa e ainda há pouco lhe escrevi dizendo que, se necessitasse de alguma coisa, me comunicasse, porque eu faria o que pudesse por você?
R) É verdade, pelo que fiquei muito grata.

(date e assine):

Tarsila do Amaral
S. Paulo - 29 - Fevereiro - 1952

Tarsila
41

As cartas seguintes são as últimas que Tarsila enviou a meu pai. Nelas, ela irá se referir algumas vezes a um "afilhado perdido". Tempos antes, minha tia "Didi" a tinha convidado para ser madrinha do filho que planejava ter. Tarsila, pelo jeito, acreditava que com a separação perderia o direito ao convite. O que não ocorreu, pois cinco anos mais tarde ela batizaria Luís Cláudio, filho de Nadir e Alcebíades Machado. A ele Tarsila dedicara a foto que, em criança, encontrei na gaveta de meu pai ("Para o meu querido afilhado Luís Cláudio, com um beijo da sua tia Tarsila") e que tanto me intrigou.

No fim de março de 1952 Tarsila se mudaria para um apartamento alugado na avenida Angélica e, alguns anos depois, após a venda de um Brancusi e de um Picasso, para um apartamento adquirido na rua Albuquerque Lins, onde morou até sua morte, em janeiro de 1973.

A fazenda Santa Teresa do Alto foi vendida no ano seguinte e, mais tarde, comprada pela família Siqueira Mateus.

A casa da rua Caiubi, primeiro alugada a um tintureiro, só seria vendida em meados da década de 70. A antiga construção não existe mais. Mas o número que fazia meu pai lembrar a Besta do Apocalipse continua lá: 666.

S. Paulo — 3-Março-1952

Meu querido Luis, são 11 h. da manhã. Dia nublado e triste. Meu pensamento está sempre em você, meu bom amigo, e eu me sinto angustiada sem saber como vai sua saúde e o seu estado de espírito. O que me conforta é saber que o tempo é o grande remédio. Tudo irá se acalmando e, mais tarde, ficaremos admirados por termos sofrido. Lance os olhos para o passado e diga se não é verdade.

  Recebi sua carta, por intermédio do Djalma, à noite, no dia em que mandei minhas últimas notícias. Senti de facto ter perdido meu afilhado. Diga a Didi que ela <u>precisa</u> vir a S. Paulo. Tenho andado numa correria com a minha mudança de vida. Por um lado isso é bom porque não tenho muito tempo para pensar em coisas tristes. Ontem, domingo, depois de passar 2 dias sem sair, fui à tardezinha à casa do Milton. Liloca tem-se mostrado muito humana e sensata, dizendo as coisas com a franqueza que lhe é peculiar, a quem quer que seja. Não tocamos no que chamo de assunto do dia. As outras pessôas da família não me fizeram sequer uma alusão. São discretíssimas.

  Na minha última carta eu pedia a v. para escrever ao Batista. Você poderia escrever sem pôr a data e o lugar onde está. Será uma maneira que não compromete você, caso v. tenha escrúpulos. Se não quiser escrever, isso não será motivo para ressentimento.

Ha 2 dias tenho me lembrado do seguinte: você não tem pago o terreno de Santo Amaro. Quer mandar-me os papeis pª eu tratar disso? Receberei o dinheiro das crônicas e, conforme o que v. me disse, tirarei ainda este mês o dinheiro da casa (ontem disse a Liloca que iria aceitar seu oferecimento pª o pagamto das despesas da casa. Não disse quanto. Ela fica sabendo como você procedeu), pagarei o terreno e depositarei o resto.

Aos poucos vou arrumando, embrulhando livros, etc. para a mudança. — No dia dos seus anos irei à fazenda. Se tiver coragem, ficarei uns 2 dias. Você bem pode imaginar que, de todo o coração, estarei mandando bons pensamentos para você. Se a sua preocupação neste momento é ver-me feliz, como v. diz na última carta, a minha é idêntica à sua, invertendo-se os papéis. Eu seria feliz, sabendo que v. o era. Isso me <u>bastaria para encher</u> a vida. Que você fosse feliz de qualquer maneira.

Escreva-me, Luis, pode queixar-se e abrir seu coração como você fazia. Tenho forças para ouvir tudo. Sou sempre sua amiga e esta amizade tão enraigada, tão sincera, nunca será destruída.

Luis, querido, espero que v. fique contente com as respostas do questionário. Acho que uma pequeníssima restrição vem a dar mais força às outras respostas que foram dadas com honestidade.

Aí vai meu coração com a minha profunda e sinceríssima amizade.

T.

Em todo o drama por que v. está passando, o que me consola é ver que, até o último instante, não mexi uma palha para impedir sua felicidade. Mantive-me firme até o último minuto e só falei no assunto a Liloca depois que ela soube por outros, visto achar que tudo ainda não estava acabado.

Estou cultivando a serenidade que é a grande vencedora nas peores circunstâncias da vida.

Quando passo alguns dias sem notícias suas, tenho uma grande tentação de telefonar, mas me contenho por medo de irritar você, ou antes, para não o perturbar e deixar que tudo vá se acalmando aos poucos.

Luis, quando eu fôr ao Rio em fins de maio (telefonarei a Didi avisando, para v. sair, caso não queira se encontrar comigo, pois como saber seu estado de espírito?) gostaria de levar para Didi, amiga que estimo de todo o coração, aquele forro de mesa tão lindo que você trouxe para <u>nossa casa</u>. Didi é a pessôa indicada para eu dar aquele forro. Em todo o caso, quero que você consinta nesse meu gesto. Tratando-se de sua irmã, acho que você não pode ficar sentido comigo, não é? Estou dando e vendendo muitas coisas supérfluas, que tenho, pª simplificar minha vida. Por enquanto não vendi nada, mas já separei o que está destinado à venda.

S. Paulo — 4-3-52

Meu querido Luis,
Estou escrevendo do correio.
  Vim da casa de Liloca, onde almocei. Pensava que as novidades ja se tinham acabado mas ainda continuam. O Renato jantou ontem, 2ª feira, com o Milton e Liloca em casa de Marieta. Disse que recebeu de você uma carta mal-criada e depois outra na qual você se desculpava. Disse que nem deu resposta. Tambem contou que Ana Maria soube por você que eu dissera que ela era "a louquinha da familia". Foi pena você contar isso a ela — motivo para mais intrigas. Liloca admirou-se por eu ter dito isso, mas eu afirmei que realmente, apesar da minha discreção, tinha repetido a você não uma mentira, porém o que ouvira de alguém, cujo nome não dava para evitar maiores intrigas.
  Liloca disse-me que Ana Maria se declarara sentida: "Tarsila diz que eu sou louquinha... Louca seria se me casasse com você". Esse "você" ela só poderia dizer por carta ou por telefone. A conclusão é que você escreveu a ela ou falou por telefone nesse sentido, visto ela dirigir-se diretamente a sua pessôa. Essas foram textualmente as palavras de Liloca. Comentei com ela que essa novid.ᵉ é recente, ja que antes de você seguir p.ª o Rio jamais ela diria isso. Peço, Luis, não escrever

mais sobre esse assunto para que tudo termine e fique em paz.

 Hoje passei em casa de Dulce e Luisa* me disse que não passa um dia sem rezar por você, pedindo a Deus pela sua felicidade e, amanhã, dia de seus anos, não se esquecerá de você e que sabe que você será feliz, que esta onda de sofrimento se acalmará logo.

 Luis, pedi a Liloca que contasse que eu realmente disse a você "a louquinha etc." para que não pensem que você inventou isso, o que se poderia dar.

 Antes de voltar p^a casa vou passar meu telegrama pelo seu aniversário. Amanhã sairei cedo p^a a fazenda e não terei tempo.

 Adeus, meu abraço de felicitações. Você <u>sabe</u> todo o bem que lhe desejo sem nada pedir.

 Que as bênçãos dos céus se derramem sobre você dando-lhe calma, serenidade e alegria, se fosse possível neste momento de inquietação e angustia ter alegria.

 Aí vai meu coração sempre amigo.
 T

---

* DESSA ANTIGA EMPREGADA DE TARSILA LEMBRO-ME BEM POIS, MAIS TARDE, FREQUENTARIA MUITO A CASA DE MEUS PAIS. ERA SOBRINHA DE BENEDITO SAMPAIO, UM ANTIGO ADMINISTRADOR DAS TERRAS DOS AMARAIS, NEGRO FORTE E CORPULENTO, CUJA FIGURA IMPRESSIONANTE TARSILA RETRATOU EM DESTAQUE NO SEU QUADRO *OPERÁRIOS*. TAMBÉM LUISA ERA UMA MULHER ENORME (OU PELO MENOS ASSIM ME PARECIA EM CRIANÇA), UMA NEGRA RETINTA E BRINCALHONA, CUJAS VISITAS EU AGUARDAVA COM ANSIEDADE — NÃO SEI SE POR CAUSA DAS BRINCADEIRAS OU, MAIS PROVAVELMENTE, DAS "LEMBRANCINHAS" DE TARSILA, DAS QUAIS LUISA ERA A PRINCIPAL PORTADORA.

PESADELO

O espelho restitui a imagem deformada: cabelos embranquecidos, faces macilentas, olhos cavados. Em quinze dias acumularam-se quarenta anos vertiginosos de vida, aproximando perigosamente a carne fatigada do abismo. Atração do salto mortal. Em letras luminosas, o cartaz adverte: "Cuidado!" No espelho, as letras tornam-se confusas e trêmulas, cintilação de estrelas vermelhas formando a seguinte constelação: "Perigo de morte".

Quinze dias. O pasmo diante dos acontecimentos se refazendo todos os dias, dia a dia; a voz sufocada, a noite inútil, a carta perdida, a casa soterrada, cancelada a viagem para Pasárgada; o longo, longo sofrimento, dia a dia; o mesmo grito parado no ponto mais alto da escala do desespero, dia a dia; a luz apagada, os copos quebrados, o corpo exangue e todavia vivo; a amarga ironia dos relógios, martelando o tempo sem o fazer andar; o assombro, a sombra imóvel, o tiro na noite que a covardia adia. Dia a dia.

Monotonia tremenda da paisagem. A noite inunda o mundo num mar de uísque. A noite é trágica e silenciosa. Para quebrar a escuridão, apenas um pequeno isqueiro de prata com duas iniciais gravadas. E no deserto, uma vitrola toca em surdina, interminavelmente, a música dolente de um disco antigo:

... de-ses-pe-ra-da-mente!...

Interrompidos todos os meios de comunicação: correio, telégrafo, telefone, cabo submarino. A solidão é completa. [...]

... O homem agita-se e acorda. Todas essas coisas confusas e sem sentido viviam no seu pesadelo, aquário de monstros. O homem se levanta, toma café, lê o jornal, vai para o trabalho. A vida retoma a ordem cotidiana. O homem volta do trabalho, janta, faz uma ou outra coisa, deita-se, dorme.

E sonha outra vez o mesmo sonho.

L.M.

O MEU CARNAVAL

Um amigo que veio de São Paulo e que me sabe há algum tempo no Rio, pergunta-me se passei um bom Carnaval. Sim, tive um Carnaval excelente. Senão, vejamos o meu programa de divertimentos:

No sábado, saí à rua pela manhã para colocar uma carta no Correio. Voltei para casa e não saí mais. No domingo, Di Cavalcanti e Rubem Braga telefonaram-me insistindo para que fosse encontrar-me com eles no apartamento do primeiro. Fui, e passamos os três, a tarde toda, a conversar e a beber melancolicamente um restinho de uísque que Di possuía. À noite voltei para casa e fiquei sozinho. Na segunda-feira, o meu divertimento foi exatamente igual ao de domingo. Na terça-feira, apesar da insistência de meus amigos, dei parte de doente e não saí.

Como se vê, foi um Carnaval divertidíssimo. [...]

L.M.

TRECHO DE CRÔNICA PUBLICADA N'O ESTADO DE S. PAULO DE 7/3/1952

S. Paulo — 7 de Março de 1952

Meu querido Luis,
Sua carta comunicando que vem a S. Paulo deu-me grande conforto pois você diz: "Visitá-la-ei sempre, estaremos juntos com frequência", para que, "as nossas duas solidões mutuamente se amparassem". Nada mais quero.

De volta da fazenda, onde tudo vai bem, (fui de automóvel e voltei no dia seguinte, ontem, de trem) procurei na lista telefônica alguns hotéis pª você. Vai a lista deles. O mais indicado e que parece ser confortável é o <u>Apa</u> que tem um banheiro pª 2 quartos. Você, ao chegar, poderá telefonar pª lá. Ou quer, avisando-me o dia, que eu reserve um quarto? Pª isso telefone-me ou telegrafe pela Western. (O telégrafo nacional está se tornando notável pelo pouco caso c/ o público.) Telefone-me comunicando sua chegada. O apartamento só ficará pronto no fim da semana próxima, portanto estarei na rua Caiubi até os primeiros dias da semana seguinte e você poderá telefonar pª lá. Fique tranquilo que nada pedirei.

Ando ocupadíssima com a mudança. Além disso estou pintando a casa (começou-se hoje) pª alcançar melhor aluguel. Está tudo numa desordem incrível. Não queria mudar minha vida mas o destino obrigou-me a isso. Aceito tudo de cabeça baixa, com humildade, já que "Deus escreve direito por linhas tortas". Espero, isto é, tenho certeza de que você também será m⁽ᵗᵒ⁾, m⁽ᵗᵒ⁾ feliz. Estou escrevendo do apartamento de Dulce. Luisa tem rezado fervorosamente pedindo a Deus por você p⁽ª⁾ que tudo se encaminhe para sua felicidade, p⁽ª⁾ que Deus o inspire nos seus passos, nas suas decisões.

Adeus, meu querido. São seis horas e meia. Vou levar esta ao correio.

Aí vai meu coração com a minha eterna amizade, com o meu carinho desinteressado.

T.

Recebi carta de Didi. Senti imensam⁽ᵗᵉ⁾ perder m/ afilhado. Abraços p⁽ª⁾ ela e Machado.

> Hoteis
>
> Hotel Apa (rua que dá p⁽ª⁾ Av. S. João) Rua Apa. 210
> telef. 52-6911 e 52-6912 (bem localizado)
> Cr. 70,00 com café - banheiro para cada 2 quartos.
>
> Hotel Ipiranga - R. 24 de Maio 275 (rua central) 34-1883
> Cr. 80,00 com café - banheiro comum
>
> Hotel Barros - Praça da República 359 - F. 34-3341
> Cr. 70 diários com cama e mesa. Mensalidade de 1.000. (Está sempre cheio porque é muito barato. Não serve, a meu ver.)
>
> Hotel Plaza - Av. S. João 407 - 34-9101
> Cr. 130 com café. Quarto e banheiro. (Deve ser bom)
>
> Hotel Marajó (perto da Praça Julio Mesquita) Rua Guaianazes 58 - F. 36-7988
> Cr. 60,00 - quarto, café, banho comum.
>
> O melhor é o Plaza que parece ser bom.
> O mais indicado é o Hotel Apa

TRATADO SOBRE A AMIZADE

Ficaremos amargos porque chove sem parar estragando-nos o passeio, porque o telefone não funciona, porque escorregamos numa casca de banana e sujamos a roupa nova, porque esta vida é uma droga insípida, porque perdemos pai e mãe, porque as noites são longas, porque os homens são ferozes, porque os caminhos da morte são curtos e os da felicidade incertos, porque não conhecemos a rota que leva a Pasárgada? Não, não ficaremos amargos. Poderemos ficar tristes, desiludidos ou desesperados; mas amargos não. Se perdemos o avião, a carteira ou as ilusões, não perdemos tudo. Restam-nos os amigos.

Creio que um dia ainda hei de escrever um tratado, muito extenso, judicioso e acaciano, sobre a Amizade. Direi que a Amizade é o mais puro dos sentimentos e que um bom amigo vale mais do que a jóia mais cara. Direi isto de um jeito solene e sisudo, como se estivesse descobrindo verdades insuspeitadas e precisasse ensiná-las aos homens. Não fará mal nenhum que riam de mim. Não será um livro para os críticos nem para o público em geral, mas apenas para os meus amigos. Será, mais particularmente ainda, para uns três ou quatro indivíduos de ambos os sexos que nos momentos das minhas angústias tenho certeza que mais próximos de mim hão de estar; será para o amigo constrangido e "gauche" que nada saberá dizer para me consolar, mas que me olhará nos olhos com ternura e silêncio, batendo-me no ombro de certa forma comovida que eu bem hei de compreender e sentir; será para o amigo o mais dedicado, o mais incansável, o mais disposto a servir, e que por isso mesmo é sempre o mais importunado pelos problemas alheios; e será, sobretudo, para que teus olhos o leiam que hei de escrever esse livro absurdo — doce, admirável e devotada amiga.

A essas pessoas que me querem bem hei de ensinar, por exemplo, que a Amizade é mais duradoura que o Amor. E elas hão de ficar espantadas com a minha ciência e, boquiabertas, cheias de admiração, dirão umas às outras: "Como ele sabe das coisas!" E, apesar de tudo, não ficarei vaidoso. Aceitarei esses elogios com um jeito retraído e modesto, tendo nos lábios um sorriso bastante simpático e um tanto idiota, sorriso de colegial que tirou o primeiro prêmio de comportamento no ginásio.

Sim, hei de escrever um dia esse livro tolo e comovido, que nenhum editor publicará; escreverei eu mesmo a mão, lentamente, carinhosamente, os quatro ou cinco exemplares que constituirão toda a edição. Depois, neles porei dedicatórias afetuosas, remetê-los-ei pelo Correio e passarei então a escrever minhas memórias.

L.M.

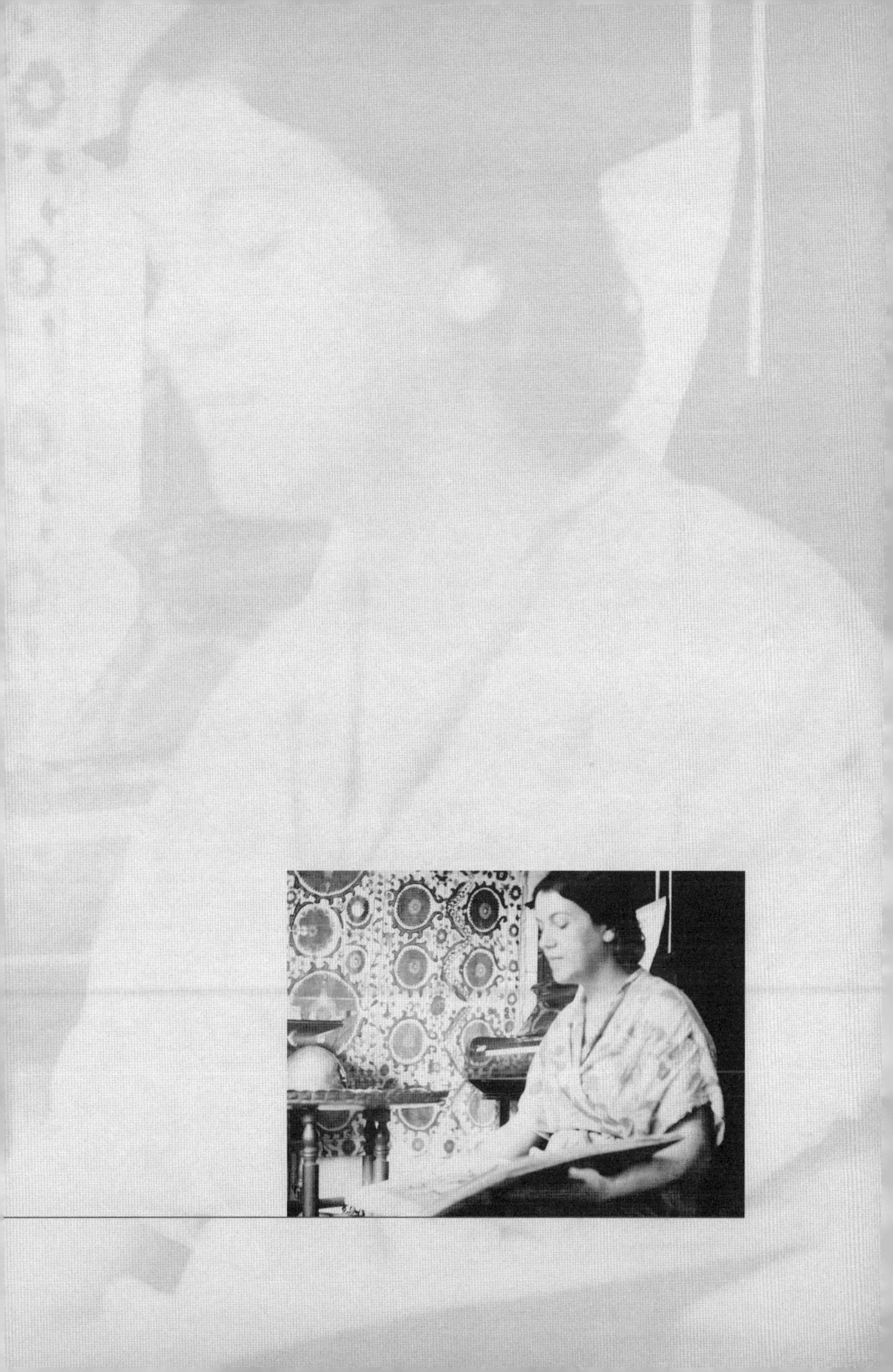

Anna Maria

Sando[s]

Luís muito querido

Falei com Lia Liloca sabado, mas
pelo telefone. Perguntei-lhe a impres[são]
, a que chegara depois de ter de [en]
la me respondeu que pelo telefone [não]
qualquer conversa sobre este assu[nto]
sua casa qualquer dia para conve[rsar]
saber se naquele momento havia [alguém]
caso em não poderia mesmo ter i[do]
Liloca, porque precisei sair de S.
do almoço. Apenas houve tem[po]
telefonema. Cujos result[ados]

CARTAS DE ANNA MARIA

MARÇO A MAIO DE 1952

Pouco mais de um mês após o rompimento, minha mãe voltou a escrever a meu pai. Sua correspondência vem agora embalada por envelopes bem mais sofisticados que os simples *"par avion/*via aérea" de antigamente. O papel importado, de alta gramatura, é protegido internamente por um delicado forro quadriculado que contribui para lhe dar peso e aparência especiais. No verso, em letras rebuscadas, veem-se as iniciais AMC (Anna Maria Coelho), na mesma cor marrom avermelhada do forro. No alto do canto esquerdo do papel de carta está impresso em vermelho: "Anna Maria".

Depreende-se que o "Ilmo. Snr. Luís Martins", a quem as cartas são destinadas, ainda não tinha residência fixa em São Paulo, pois a correspondência vem ora "a/c do Dr. Luis Coelho, Rua Cons. Crispiniano, 29 — 11º andar — São Paulo", ora "a/c do Dr. Arnaldo Pedroso d'Horta, Rua José Bonifácio, 233 — 3º andar — sala 307 — São Paulo".

Santos, 22/3/952

Meu querido Luís
Quinta-feira não me foi possível ir ao encontro combinado com você. Peço-lhe que tente compreender e me desculpar.

Pretendo ir a São Paulo na proxima 4ª feira. Se você quizer conversar comigo, passe pelo Museu nesse dia às 3 horas.

Carinhosamente,
Anna Maria

CORAÇÃO DESGOVERNADO

Antigamente, eu tinha muito medo de que me lessem a mão. Pessoas que conhecem a ciência misteriosa de desvendar o futuro através das linhas das palmas das mãos ficavam curiosas quando olhavam a minha e queriam por força analisá-la. De fato, tenho linhas complicadíssimas, um emaranhado confuso que deve mesmo seduzir um quiromante. Agora, perdi o medo e uma noite dessas uma senhora amiga minha dedicou dez minutos de atenção a estudar minha mão esquerda. O que me disse não interessa ao leitor, mas deixou-me bastante surpreendido, pois havia referências seguras e precisas a fatos do meu passado que a senhora não podia de forma alguma conhecer. Quanto ao futuro, basta que se saiba que ainda devo sofrer um desastre muito sério, o que realmente não é perspectiva das mais agradáveis. E quanto ao meu temperamento e à minha maneira de ser, afirmou-me a senhora, muito convicta, que eu me deixo levar na vida exclusivamente pelo coração.

Ah! O coração... O coração é um maluco, um carro sem freios, um animal desembestado que vai dando por paus e por pedras, subindo morros e descendo várzeas sem olhar o caminho, metendo-se em atoleiros tremendos, dando com a cabeça nas paredes, fazendo misérias. Não é bom deixar-se a gente governar pelo coração. Ainda quis convencer a senhora de que, talvez — quem sabe? — desde que o cérebro não funciona mesmo, não seria que ela podia dar um jeitinho de arranjar um outro órgão qualquer para me guiar na vida? Não fazia questão; podia ser o fígado, podiam ser os pulmões, o estômago, as pernas, qualquer coisa servia, desde que não fosse o coração. Ela, porém, foi implacável e inflexível: tinha que ser mesmo o coração, o coração e nada mais.

Deixei triste a companhia daquela amável dama. E muito inquieto sobre o meu futuro e os rumos da minha vida. Que caminhos ásperos ainda terei que percorrer, conduzido pelo coração, esse idiota cego que não sabe marchar pelas estradas reais, onde o tráfego é fácil e cômodo, onde há sinais luminosos e severo policiamento? Por que foi me dizer isso a minha amiga que lê mãos?

Senti-me arrependido de lhe ter permitido a leitura da minha. Antes continuasse a ter o medo antigo diante dessa terrível clarividência que vê o futuro e decifra o destino da gente através de alguns traços e linhas. É melhor que nos contentemos com o tempo presente, mesmo que não seja muito agradável ou muito feliz. E que para o futuro caminhemos lentamente, de olhos vendados, decifrando o mistério da vida em cada dia que Deus nos dá.

L.M.

Santos, 2/4/952

Meu querido Luís
Recebi suas cartas. A 1ª sobre a qual você já me falara (e como foi ótimo termos conversado antes) e a outra escrita depois do nosso encontro.

Fiquei contentíssima por saber que o Rubem Braga veio convidá-lo para representante de "O Comício"* em São Paulo. Aliás, quando li sua crônica a respeito desta revista, tive a intuição de que você seria um dos colaboradores. Pretendia mesmo escrever-lhe perguntando sobre isto. Pelo que você diz, tenho impressão de que a seção destinada a S. Paulo será bem mais completa do que a que nos dedica o "Jornal de Letras". Tomara que a revista pegue. Desde já pode me contar como assinante.

Ainda não sei quando irei para a fazenda. Estou meio adoentada, com dôr de garganta, talvez seja começo de gripe. Em todo o caso, mesmo que eu vá logo, acho preferível você continuar escrevendo para a casa de Maria Antonietta. Ela irá passar a Semana Santa na fazenda e me levará suas cartas.

Meu bem, você a esta altura já deve estar pensando: ela fala em tudo, menos no que, em verdade, me interessa. Intencionalmente eu vinha evitando tocar nisso, porque de concreto nada posso prometer, e hoje,

---

* O SEMANÁRIO **O COMÍCIO**, FUNDADO POR RUBEM BRAGA, JOEL SILVEIRA E RAFAEL CORRÊA DE OLIVEIRA, TEVE CURTA DURAÇÃO — CERCA DE SEIS MESES.

depois de tudo que aconteceu, a você eu só viria a prometer alguma coisa depois de longas e longas reflexões, depois de medir e pesar bem a extensão de cada palavra. Peço-lhe apenas (si você ainda me dá o direito de lhe fazer pedidos) que não perca a confiança no futuro, que não desespere, pois o seu desespero é para mim, ainda que merecido, castigo intolerável.

Luís, às vêzes tenho a impressão de que eu não vivi só 27 anos, de que para sofrer tanto este espaço de tempo é curto. Uma vida de 40 ou 50 anos poderia dizer: eu passei por isto e depois por mais isto e mais aquilo. Na minha, agora, é quase com dificuldade que consigo lembrar os momentos em que não sofri, só os encontro na infância, e tão soterrados!

Em vez de animá-lo, estou desabafando minhas tristezas; não leve muito a sério: são reflexões de doente. Tenha fé, Luís, continue trabalhando, escrevendo muito e que meu carinho, minha ternura sejam sempre um apoio para você.

Anna Maria

P.S. Você, como representante em S. Paulo desta nova revista, veja se consegue evitar que a nossa seção se torne como é muitas vêzes a do "Jornal das Letras": mais mundana que literária. Não ha duvida de que para o leitor ha um certo interesse em saber o que faz este ou aquele escritor, mas isto de certo modo é relativo. Mais interessantes seriam... bem você, muito melhor do que eu saberá encontrar matérias de real interesse.

A. M.

Luís,
Quero chamá-lo de querido, de adorado mas sinto tanta amargura em você que tenho medo que estas palavras soem falsas. São 3 h. da manhã; acabei de ler o que você me mandou por M. Antonietta. De tudo o que mais me cala profundamente é a impressão que eu sou a creatura a mais miserável, a mais infeliz, a mais indesculpavel.

Você tem razão Luís, carradas de razão em ficar ressentido comigo. Seus sacrifícios, sua vida, seu futuro, tudo para mim, baseado em mim, e de um momento para o outro, tudo destruído. O que você considera seu único erro — suas crônicas — são gota de agua no mar das minhas culpas.

Eu sim, errei Luís. Nunca em hipotese alguma eu devia ter escrito ao [LUIS] Coelho, ainda que fosse verdade eu não devia ter agido daquela forma. Ah! Se pudessemos evitar aquilo que fazemos num momento de desespero e de que depois nos arrependemos para o resto da vida. Que sofrimento! E para culminar esta frase sua para Antonietta: "A Anna Maria pode se orgulhar de ter aniquilado a vida de um homem. Isto lhe dará uma aureola de mulher fatal, etc. ..."

Envelope:

Ilmo. Snr.
Luis Martins
a/c Dr. Luis Coelho
Rua Cons. Crispiniano 29
                                    11º andar

                    São Paulo

Dr. Arnaldo Orta

079404

Carta:

Anna Maria

Fazenda, 12/4/1952

Meu querido Luis

Pedi tanto que você não comentasse com Tarsila minhas atitudes, minhas palavras, porque eu tinha receio de que a família toda ficasse ciente através das fontes de sempre. E como uma circulo vicioso indo e volta para mim, sabem que continuo em constante respondendo com você, sonhando com nosso encontro mais sagrado, ignorando o que acontecia nos intervalos. Detalhes: a razão da minha ausência, sem recado para Antonieta, etc... Agora já num duvido que estejam a par do nosso outro encontro. O que de certo já indignou.

Tudo me aborrece profundamente, hoje se há coisa que me desagrade é ver tantas pessoas sabendo o que se passa comigo, e minha maneira de agir. Sentir. Tenho verdadeiro horror em ver meu íntimo tão devassado. Não sei se você chegou a me conhecer bem, Luis, mas creio que o suficiente para notar um dos aspectos de meu caráter: essa dificuldade de comunicação, essa pudores, pudor em preservas o meu eu aos olhos de terceiros. Excessão feita em relação a amigos e amor total. Você que em parte a mim bel que ao próprio indivíduo custa encontrar. Foi amor total o que há sempre uma barba indevassada por isso. Luis que com você eu me abri tanto, dei tanto de mim. E agora me magoa profundamente ver outras pessoas ainda que sejam de

Fazenda 12/4/1952

Meu querido Luís
Pedi tanto que você não comentasse com Tarsila minhas atitudes, minhas palavras, porque eu tinha receio de que a família toda ficasse ciente através das fontes de sempre. E como num círculo vicioso tudo volta para mim. Sabem que continuo me correspondendo com você, souberam do nosso encontro malogrado, exatamente o que aconteceu nos mínimos detalhes: a razão da minha ausência, seu recado para Antonietta, etc. ... Agora já nem duvido que estejam a par do nosso outro encontro, o que de fato se realizou.

    Isto me aborrece profundamente pois se há coisa que me desagrade é ver tantas pessôas sabendo o que se passa comigo, minha maneira de agir, de sentir. Tenho verdadeiro horror em ver meu íntimo tão devassado. Não sei se você chegou a me conhecer bem, Luís, mas creio que o suficiente para notar um dos aspectos de meu caráter: essa dificuldade de comunicação, esse egoísmo, pudor em preservar o meu eu aos olhos de terceiros — excessão feita em parte a 2 amigas e quase total a você que eu amo. Digo quase total porque ha sempre uma parte indevassável que ao próprio indivíduo custa encontrar. Foi por isso, Luís que com você eu me abri tanto, dei tanto de mim. E agora me magoa profundamente ver outras pessôas, ainda que sejam de minha família terem conhecimento de certos *detalhes: o lugar onde nos encontravamos, a maneira como surgiu o nosso amor, frases suas, frases minhas, etc. ... Luís, isto tudo era tão nosso, só nosso!*

E, segundo me dizem, estão a par de diversos fatos: seus comentários com amigos a meu respeito, primando geralmente por falta de cavalheirismo e generosidade, seus encontros diários com Tarsila, prenuncio da volta definitiva que aos poucos se vae processando. Luís, quanto a isto já cansei de afirmar categoricamente que não se realizará, conforme você mesmo muitas vêzes já me disse. Mas eu não sou egoísta em meu amor por você, Luís. Se o nosso casamento for mesmo irrealizável, acho que se você voltasse para Tarsila sua vida seria menos solitária, menos triste; você teria a seu lado uma pessôa que realmente lhe quer bem. Eu compreenderia sua atitude; além disso me sentiria, ainda que em parcelas mínimas, menos culpada. Isto quando penso em você, isoladamente, sem depender da opinião que eu gostaria que outros tivessem a seu respeito. Pensando em você com relação às outras pessôas, temo que isto aconteça, pois os outros jamais compreenderiam, iriam sempre achar, como você mesmo uma vez já o disse, verdadeira indignidade.

Outra coisa: parece (já não afirmo nada) ter o Luís Coelho dito quanto ao nosso casamento que não daria mesmo certo não só pela diferença de meio em que vivemos mas também porque sou uma verdadeira colegial. Sim, colegial — creio que usamos palavras diferentes para expressar formação moral íntegra, noções de deveres, gratidão, etc. ... Mas às vêzes fico pensando, pensando e chego à conclusão de que em certo sentido talvez ele tenha razão. Num sentido apenas agi como verdadeira colegial: no meu idealismo pueril. Verdadeira utopia pensar que com meu amor, minha ternura eu poderia subtrair você à influencia, ao domínio de Tarsila, não digo físico mas moral e intelectual.

Luís, por mais que eu queira me convencer do contrario, sinto que você está preso à Tarsila. Não são apenas laços de amizade, é qualquer coisa mais profunda, vinda de longe, concretizada pelos anos. Você quer me convencer e convencer a si próprio de que isto não é verdade. Analise suas atitudes. Procure bem e veja se ela é apenas a amiga muito querida ou a mulher que sempre dominou sua vida pela beleza, cultura, inteligencia. E o que o tempo pudesse tê-la feito perder na parte física aumentou-lhe na intelectual, no prestígio, na consagração. E é isto também, além da longa convivência, que prende você, Luís.

Você tem amigos, amigos íntimos com quem poderia se abrir num momento de amargura e depressão. No entanto não é um deles que você procura para o desabafo. É Tarsila. A ela você conta tudo, mesmo que futuramente isto possa me prejudicar, a mim, a mulher que você ama. Vê, Luís, são essas coisas que eu não compreendo.

Dizem que minhas atitudes são de colegial. Quando me perguntam sobre nosso casamento, por que não se realizou, etc. ..., limito-me a responder: "Meu amor por Luís continua o mesmo, tenho enorme admiração por ele, mas houve uma série de contratempos que tornou nosso casamento impossível." Recuso-me a entrar em detalhes, e você Luís? Pelo que me contam, seus comentários com amigos não teriam sido de colegial despeitado? Sei o que isto representou na sua vida e o quanto você ficou amargurado, mas se você me ama realmente não poderia me poupar um pouco? Eu também estou sofrendo, eu também estou aniquilada. Parece que entre nós um elo qualquer se partiu. Fazemos força para reconstituí-lo mas é sempre o caso do "vase brisé". Você ha de dizer que a culpa não é sua. Minha também não acho que seja, Luís, pelo menos nisto. Tenho bem consciência da minha parte de culpa e sei até onde ela chega.

Meu bem, eu não posso acreditar que você fale horrores de mim. Por mais que recorra à minha memória não consigo lembrar uma ocasião qualquer em que eu pudesse ter dado oportunidade para que agora você venha fazer estes comentários. Parece-me que sempre procurei agir corretamente todas as vêzes em que estivemos juntos. Se alguma coisa eu fiz passível de comentários desagradáveis e de censura, me escapa completamente à memória. Há tanta incoerência nisto tudo: como é possível que você ainda queira se casar com uma mulher de quem você diz coisas tão desagradaveis?

Luís, meu querido, eu já pedi inúmeras vêzes: quando você tiver alguma coisa contra mim, escreva-me diretamente. Por favor não me faça chegar pelo jornal ou por linhas tão sinuosas.

Você sabe o quanto eu admiro Tarsila. Acho que ela foi extraordinaria não dando uma palavra sobre nós, durante todo aquele tempo. Agora, uma vez não sendo mais segredo, não ha motivo para que ela se cale. Não ha razão para que não leve ao conhecimento da familia nossos encontros, nossa correspondencia. Aí, o papél de evitar que isto se dê é seu, Luís. Só você, se quizer, poderá fazê-lo.

Meu bem, você deve estar aborrecido, triste com o tom desta carta, com o que ela encerra; mas a quem, senão você, eu poderia confiar estas coisas?

Antonietta não vem para cá, infelizmente para mim que só irei ler suas cartas na próxima semana.

De Santos escreverei novamente (para, alguns dias mais tarde, ouvir dizer: "você escreveu a Luís outra vez.").

Magoada, triste, cada vez mais afastada de você, eu o amo muito

Anna Maria

SEMANA SANTA E PRAIA

Muita gente espera ansiosamente a Semana Santa, pois significa quatro dias seguidos de folga, que podem ser passados fora da cidade; praias, hotéis de montanha, sítios e fazenda se enchem. Para algumas pessoas, porém, ela apresenta um problema inquietante: onde passá-la? Um amigo, desses felizardos que têm casa na montanha e na praia — talvez para que mais facilmente se acostume aos altos e baixos desta vida — me tinha convidado para ir à montanha. À última hora acabamos na praia, naquela que Grande se chama e que, pela sua imensidão, faz jus ao nome com que a batizaram.

No Rio há um lugar que se chama Praia Formosa e nem por isso é lá tão formoso assim. Há outro que ostenta o título de Praia Vermelha e vermelho não é. Mas grande, muito grande é a Praia Grande, como diria Dom Pedro II, ou alguém por ele — e diria uma verdade incontestável. E não só pelo tamanho desmesurado se distingue, mas pela beleza também.

Na Sexta-feira da Paixão levou-me meu amigo a Itanhaem. É impressionante aquela marcha interminável do automóvel na areia lisa, dura, suave como asfalto do melhor, o mar de um lado, a vegetação do outro, quilômetros e quilômetros de contínuo deslizar, apenas interrompido por alguns riachos que vão dar no Oceano, até que se chega ao Mongaguá, que o carro não ousa atravessar. Aí tiveram mesmo que construir uma ponte. Depois, a praia novamente, até a entrada para Itanhaem. Os senhores conhecem Itanhaem? Pois se não conhecem, é uma vergonha. A dois passos de São Paulo, a meio passo de Santos, os paulistas têm um dos lugares mais lindos do mundo à disposição do êxtase de seus olhos e dos arroubos de sua imaginação. Que poesia estranha e comovente emana daquelas velharias — a cadeia, a igreja, o convento, algumas casas antigas —

plantadas num cenário de sonho, que lembram algumas pequenas e esquecidas cidades do Estado do Rio, as quais, infelizmente, os turistas vão aos poucos descobrindo e estragando. É também o mal de Itanhaem. Mas que fazer se há entre os paulistas de hoje sede de sol e praia, de Natureza e descanso? A própria Praia Grande, em toda a sua extensão, está sendo rapidamente invadida, loteada, retalhada. Há cinco ou seis anos era uma praia selvagem e deserta; hoje se povoa vertiginosamente; daqui a dez ou vinte anos, será uma Copacabana colossal, que despertará saudades aos sobreviventes de 1952. (Quem escreve estas linhas recusou, há menos de quatro anos, três lotes de terreno a 25 mil cruzeiros cada um; hoje valem cem.)

O Sábado de Aleluia amanheceu gloriosamente, faiscante de sol e luz. O mar, na Praia Grande, é de uma comovente bondade. Tão diferente do de Copacabana, ele embala o banhista com carinho e trata de depositá-lo com cuidado na areia, em terra firme. Não quer fazer mal a ninguém. Anda-se quase cinqüenta metros mar adentro, e a água nos chega à cintura. E toda aquela luz, todo aquele brilho, toda aquela imensidão verde e ondulante, davam uma sugestão poderosa de alegria, de prazer de viver, de orgulho de existir, de plenitude e de felicidade. E, entretanto, posso garantir que na Praia Grande havia alguém triste, naquele incrível dia de sol. Alguém de alma noturna e impenetrável, em cujo coração não ressoavam os sinos da Aleluia.

Que importância, porém, podia ter uma simples, mesquinha tristeza individual naquele ambiente em que a Natureza e os homens se irmanavam na mesma exaltação feliz? O fato é que era Aleluia, e uma Aleluia perfeita.

L.M.

Santos, 18/4/952

Tenho pensado em minha carta, escrita na fazenda e fico propensa a achar que não a devia ter enviado, e mesmo arrependida de o ter feito. Você já tem tantos aborrecimentos; eu devia suportar os meus sozinha, não querer dividi-los com você. Enfim, agora já está feito, não há remédio.

   Cheguei ansiosa por notícias suas. Fui logo à casa de M. Antonietta ver se havia alguma carta para mim, mas acontece que Antonietta está no Rio. A mãe dela disse-me que haviam chegado 2 cartas expressas, ambas endereçadas à Antonietta. Supunha serem suas mas dirigidas à própria Antonietta e não a mim. Tentei fazê-la ver que dentro haveria alguma coisa para mim. Como ela continuasse dizendo que não, que eram mesmo para Antonietta achei que eu não podia insistir. E de fato, não me ficava bem fazê-lo pois se as cartas acaso são mesmo para ela, nem que partam de você, não me acho com direito a lê-las sem a autorização da própria Antonietta. Estou aflita para que ela chegue logo do Rio; penso que até o fim da semana estará aqui.

   Pelo "Estado" soube que você passou a Semana Santa com o Sérgio [MILLIET] *na Praia Grande. Aliás eu imaginava mesmo que você fosse para lá ou para Campos do Jordão. Fiquei torcendo para que isto se desse; quando cresciam meus momentos de angustia e remorso, eu pensava: "Coitado de Luís, não me tem a* seu lado, não tem Tarsila, nem mesmo a fazenda para ir descansar nos feriados. Tomára que o Sérgio o convide."

Você se lembra da Semana Santa do ano passado? M. Antonietta e eu estivemos o Domingo de Páscoa inteiro em Sta. Tereza. Lembro-me perfeitamente: estavam você, Tarsila e Dulce. Chegamos cedo, não tivemos coragem de tomar banho de piscina porque o dia estava nublado e ventava; ficamos conversando na sala de jantar. Depois do almoço melhorou o tempo e nós fomos até à Gruta. Quando chegamos, ficamos nas rêdes do terraço, cantamos, fizemos charadas. Você fez uma com o meu nome. Lembra-se, meu bem? E de lá para cá, quanta coisa aconteceu!

Não sei quando poderia ir a S. Paulo. Luís Alberto chegou da fazenda com coqueluche, chamei o médico, que receitou stréptomicina, terramicina, etc. ... Quero ver se com isto ele melhora logo dos acessos de tosse.

Meu bem, acho melhor você mandar uma carta aqui para a minha casa. Como sabem que continuo me correspondendo com você e não vêem cartas suas chegando, podem desconfiar que você as esteja enviando para a casa de M. Antonietta. Não quero colocá-la em situação desagradavel por isso peço-lhe que escreva para cá uma ou 2 cartas e depois continue mandando para a casa dela.

Toda a minha ternura e meu amor
Anna Maria

P.S. Em sua cronica "Semana Santa e Praia" achei muito boa esta idéia: um amigo, um desses felizardos que tem casa na montanha e na praia, talvez para que mais facilmente se acostume aos altos e baixos desta vida...

L.M.

NO MEIO DA ESTRADA

— Quietinho, quietinho. Nada de saltos, nem de cabriolas. Quietinho, quietinho. Ande devagar, há muito tempo ainda, a noite ainda não chegou de todo. Vamos. Assim. Muito bem, rapazinho. O ritmo da marcha é esse, regular, metódico, sempre igual. Marcha militar, disciplinada, sem precipitações ou recuos, sem nenhuma interrupção, um-dois, um-dois, um-dois... Hein! Que é isso? Um desgarre súbito para a esquerda, uma espécie de salto mortal, depois uma parada brusca? Você está louco? Você pensa que assim poderá continuar por muito tempo? Não vê que desse jeito corre o risco de arrebentar a cabeça numa pedra? E não percebe que minhas pernas trôpegas não conseguem acompanhá-lo nessas travessuras de criança inconsciente? A continuar assim, você vai sozinho. Eu ficarei por aqui mesmo, deitado à sombra de qualquer árvore, imóvel, para sempre imóvel, encarando de olhos arregalados a inquieta palpitação das estrelas...

Que aconteceu com você, meu amigo? Antigamente, você andava tranqüilo, seguro, consciente do caminho que pisava, certo, inflexível, cadenciado; se havia perigo, você o contornava sem perturbações; se das margens da estrada alguma dama acaso por ali perdida acenava, chamando-o, você ou lhe dava um distraído adeus sem se deter, ou continuava a marcha, indiferente, calmo, despreocupado. Eu conhecia seu instinto, sua sabedoria, sua longa experiência de todas as estradas, e seguia-o confiante, sem hesitações, sem temores. E de repente... Que lhe aconteceu, meu amigo?

Ah! Desconfio que você deu para beber ou não anda bom da cabeça. Isso não é maneira decente de se andar em público: aos saltos, aos pulos, fazendo caretas, parando de repente, dando marcha a ré, andando de quatro. Isso é pura maluquice. Isso é coisa de bêbado. Isso é uma degradante volta à infância. Isso é miolo mole.

E por que diacho você, que era tão ativo, que trabalhava tão bem, respeitador de horários, cumpridor de seus deveres, se tornou agora tão vadio, tão desorganizado, sempre cansado, sempre com a idéia de abandonar o emprego, sempre com a mania de que trabalhar não adianta e que nada é melhor que uma boa soneca? Que há com você, meu amigo?

(Assim falava um cardíaco ao seu pobre coração doente.)

L.M.

Santos, 30/4/952

Luís muito querido
Falei com tia Liloca sábado, mas infelizmente só pelo telefone. Perguntei-lhe a impressão e as conclusões a que chegara depois de ter se encontrado com você.*
Ela me respondeu que pelo telefone tornava-se difícil qualquer conversa sobre este assunto, que eu fosse à sua casa qualquer dia para conversarmos. Fiquei sem saber se naquele momento Tarsila estava lá. Em todo o caso eu não poderia ter ido até à casa de tia Liloca, porque precisei sair de S. Paulo logo depois do almoço. Apenas houve tempo para um rápido telefonema, cujos resultados, como você vê, foram praticamente nulos.

    Ficou combinado que no começo da proxima semana irei procurá-la para conversarmos. Assim que o tiver feito, me comunicarei com você. Até essa ocasião, meu bem, prefiro que você não me escreva.

    Sua crônicas na seção "Coisas da Cidade" estão excelentes. Principalmente, para meu gosto, a 1ª: "Uma Cidade Nasce e Cresce". Aliás, sábado quando estivemos juntos eu quiz comentar esta crônica com você, mas... o tempo foi tão escasso e o assunto de nossa conversa tão diferente... Não tive oportunidade.

    Parece mesmo incrivel, Luís, como agora têm surgido coisas bôas para você. Logo agora que você está desanimado, sem forças para tomar responsabilidade sobre certos trabalhos. Sei que pelas circunstâncias, eu não posso e nem devia falar, mas a tentação é mais *forte*: acho que você podia procurar o Franco Zampari e se interessar pela proposta dele. Você não acha, querido, que um trabalho intenso, absorvente, seria derivativo bem melhor que uísque? Pelo menos as consequências bem menos desastrosas.

Não se esqueça de meu pedido quanto às conversas com seus amigos; não se pode mesmo confiar em ninguém; você verá porque. E, para a minha tranquilidade, Luís, rasgue minhas cartas.

Até a próxima semana. Um beijo muito afetuoso toda a ternura e o amor da

Anna Maria

---

* EM MEADOS DE ABRIL, MEU PAI E TIA "LILOCA" HAVIAM TIDO UM ENCONTRO NO HOTEL JARAGUÁ, EM SÃO PAULO. MEU PAI ABRIRA-SE COM ELA. ESTAVA INDIGNADO COM AS ACUSAÇÕES QUE LHE FAZIA A FAMÍLIA DE MINHA MÃE. NA OCASIÃO, FALOU-LHE TAMBÉM DE SUA ANGÚSTIA AO TOMAR A DECISÃO DE SEPARAR-SE DE TARSILA. CONTOU-LHE QUE ANOS ANTES, DIANTE DO SOFRIMENTO DA COMPANHEIRA PELA MORTE DA NETA, HAVIA JURADO SOLENEMENTE QUE JAMAIS A DEIXARIA. UM JURAMENTO QUE SE VIA, AGORA, IMPOSSIBILITADO DE CUMPRIR. TIA "LILOCA" SAÍRA IMPRESSIONADA DO ENCONTRO E COMENTARA COM SUA FILHA, HELENA: "É UM HOMEM HONRADO. MAS NÃO TEM JEITO. ELE JÁ NÃO AMA TARSILA E ESTÁ PERDIDAMENTE APAIXONADO POR ANNA MARIA".

CORAÇÃO DE PALHAÇO

Aquele era um número mais que sensacional; era único no mundo, era um fenômeno sem igual. O palhaço vinha até o picadeiro, fazia umas gracinhas e, em certo momento, tirava o coração do peito e apresentava-o ao respeitável público. Os homens olhavam aquela posta de carne sangrenta e vermelha, com repugnância uns, com curiosidade outros, com assombro todos; mulheres sádicas fixavam olhares gulosos e hipnotizados naquela víscera que devia ser macia e gostosa. Algumas donas-de-casa chegavam até a pensar no excelente "filet mignon" que ela daria. Era um número fabuloso aquele — e o circo vivia cheio por causa do palhaço.

Mas a parte mais impressionante da história passava-se longe das vistas do público e era ignorada de todos. Sempre que acabava o espetáculo, o palhaço ia à casa da mulher que amava; lá tirava o coração do peito e humildemente o depositava nas mãos da moça. Ela então triturava bem trituradinho o coração do palhaço, misturava um pouco de farinha, fazia uma paçoquinha bem gostosa — e comia. No peito do palhaço nascia imediatamente um coração, igualzinho ao outro. Ele amava aquela mulher, que por sua vez o amava também; o seu único defeito é que gostava de comer paçoquinha de coração de palhaço.

Uma noite, entretanto, o circo cheio, de repente, na hora em que devia o palhaço tirar o coração do peito e exibi-lo ao público, um esquisito pudor, um orgulho tardio, um sentimento de vergonha o tomou. Não tirou o coração do peito. O público reclamou, vaiou, fez barulho e o diretor do circo veio falar com o palhaço. Inútil. O coração ficou no lugar.

Nessa noite também ele não levou à amada o coração para a paçoca de costume. Foi para casa. Aconteceu então que o seu coração foi crescendo, crescendo, foi inchando, arrebentou o peito do palhaço, encheu todo o quarto e ainda um pedaço ficou querendo sair pela janela.

Três dias depois, atraídas pelo mau cheiro, algumas pessoas arrombaram a porta. Encontraram um monstruoso, um enorme coração putrefato e um palhacinho deste tamaninho atirado a um canto, como se fosse um boneco de mola.

L.M.

FILOSOFIA BARATA

Sejamos docemente céticos e deixemos a vida correr. Muita gente julga que um homem que muito sofreu, que passou por muita coisa, é um homem experiente e vivido. Engano. Nem todas as experiências enriquecem; algumas, e justamente as mais dolorosas e imprevistas, empobrecem irremediavelmente. Há tragédias que são grotescas; porque não têm sentido, as próprias vítimas não as compreendem e nelas se gastam sem que jamais lhes alcancem o fundo patético; tudo que acumularam como experiência de drama se esboroa diante da realidade trivial e absurda. Podem ser dramas terríveis, capazes de aniquilar uma existência humana, porém contados levam os ouvintes a sorrir: "Ora, isso não pode ser..."

Tudo pode ser ou não ser. Ninguém sabe nada e o espírito humano é um saco de imprevistos. Ninguém conhece ninguém; pois a pessoa que eu julgo mais intimamente conhecer, até o minuto exato em que escrevo esta crônica, pode se tornar para mim, no minuto seguinte, um ser incompreensível, absurdo, inconseqüente e ilógico. Ninguém conhece ninguém.

E por isso, repito: sejamos docemente céticos e deixemos a vida correr. Ela correrá como bem entender, hoje plácida e boa, amanhã tumultuosa e irrespirável; não somos nós os responsáveis por essas transformações, como não temos culpa de que um belo dia de primavera se transforme numa tarde de tempestade. Verifiquemos o fenômeno com curiosidade, no máximo com um pouco de emoção e tenhamos a prudência elementar de andar munidos de guarda-chuva, mesmo nos dias de sol.

O mal de muitos homens é que andam sempre sem guarda-chuvas. Isto é, desprotegidos. Acreditam que o tempo é camarada, não vai mudar, o céu azul será sempre azul; acabam tomando uma tromba d'água na cabeça.

Hesito no título que deverei dar a esta crônica, pois não sei bem se tudo que aí vai escrito se aproxima de filosofia barata sobre as incongruências da vida, ou simplesmente de algumas digressões práticas sobre a utilidade permanente desse desprezado complemento do homem — que é o guarda-chuva.

O que, bem pesadas as coisas, vem a dar na mesma, pois todo guarda-chuva pode ser o começo de uma filosofia.

L.M.

Santos, 23/5/952

Meu querido Luís
Creio que você tem razão: de fato parece que não nos conhecemos, não conseguimos mais prever a reação que a atitude de um provocará no outro. Quando você me escreveu aquela carta que preferiu chamar o seu testamento sentimental, ao terminá-la foram estas as suas palavras: "Não espero resposta e até, sinceramente, julgo preferível que você não a dê. Sei de antemão tudo que você me pudesse dizer. E tudo que você me pudesse dizer não passaria de palavras... e eu estou farto de palavras. Como lhe disse este é o meu testamento e testamentos não exigem resposta."

Eu tinha certeza de que você apezar do que escrevera esperava e queria resposta, mesmo que, sinceramente, você não a quizesse, eu me achava na obrigação de pelo menos acusar o recebimento da carta. Foi com esta intenção, querendo comunicar-me com você que arranjei um pretexto para ir a S. Paulo. Quando você me perguntou o que eu fora fazer e respondi: "Precisei vir" nunca pensei que esta frase fosse magoá-lo, nem pretendi dar uma lição à sua curiosidade. Luís, é evidente que você pode me perguntar estas coisas. Só respondi assim porque estava num telefone público e não podia falar muito tempo. Teria de explicar-lhe que desde a véspera não tinha tido ocasião de falar com você, enfim uma série de contratempos que só iria irritá-lo.

Eu não disse que a unica solução para você é morrer. O que eu quero que você compreenda e já lhe disse muitas vêzes é o seguinte: "agora não posso fazer nada, só prometerei alguma coisa a você quando tiver a certeza de cumpri-la".

Eu não opto pela aceitação do seu sacrificio, tento evitar que isto aconteça. Se neste caso alguem precisa morrer, que seja eu.

Encaro cada instante minha responsabilidade neste caso todo.

A um consentimento, qualquer que pudesse ter sido a minha atitude, meus paes nunca teriam chegado. A única solução teria sido e é o rompimento drástico cujas consequências tanto me apavoram.

Você se engana ao dizer que em meu coração há insondáveis abismos de insensibilidade. Ao contrario, é por ser muito sensível que estou nesta situação, que minha vida é agora um verdadeiro inferno. Saber você nestas condições, querendo fazer algo para desmanchar o mal que causei e por outro lado amarrada pelo que você chama a minha insensibilidade. Já tive oportunidade de largar tudo e ir embora (como se a distância adiantasse) mas a minha "insensibilidade" e "meu coração de matéria plástica" não me deixaram.

Bem, Luís, não adianta escrever mais. Tudo são palavras e você está farto delas. Farto de palavras e da Humanidade de que infelizmente faço parte. Portanto farto de mim também.

Apesar de sua falta de crença nas palavras e em mim, não posso deixar de dizer que o amo, Luís.
Anna Maria

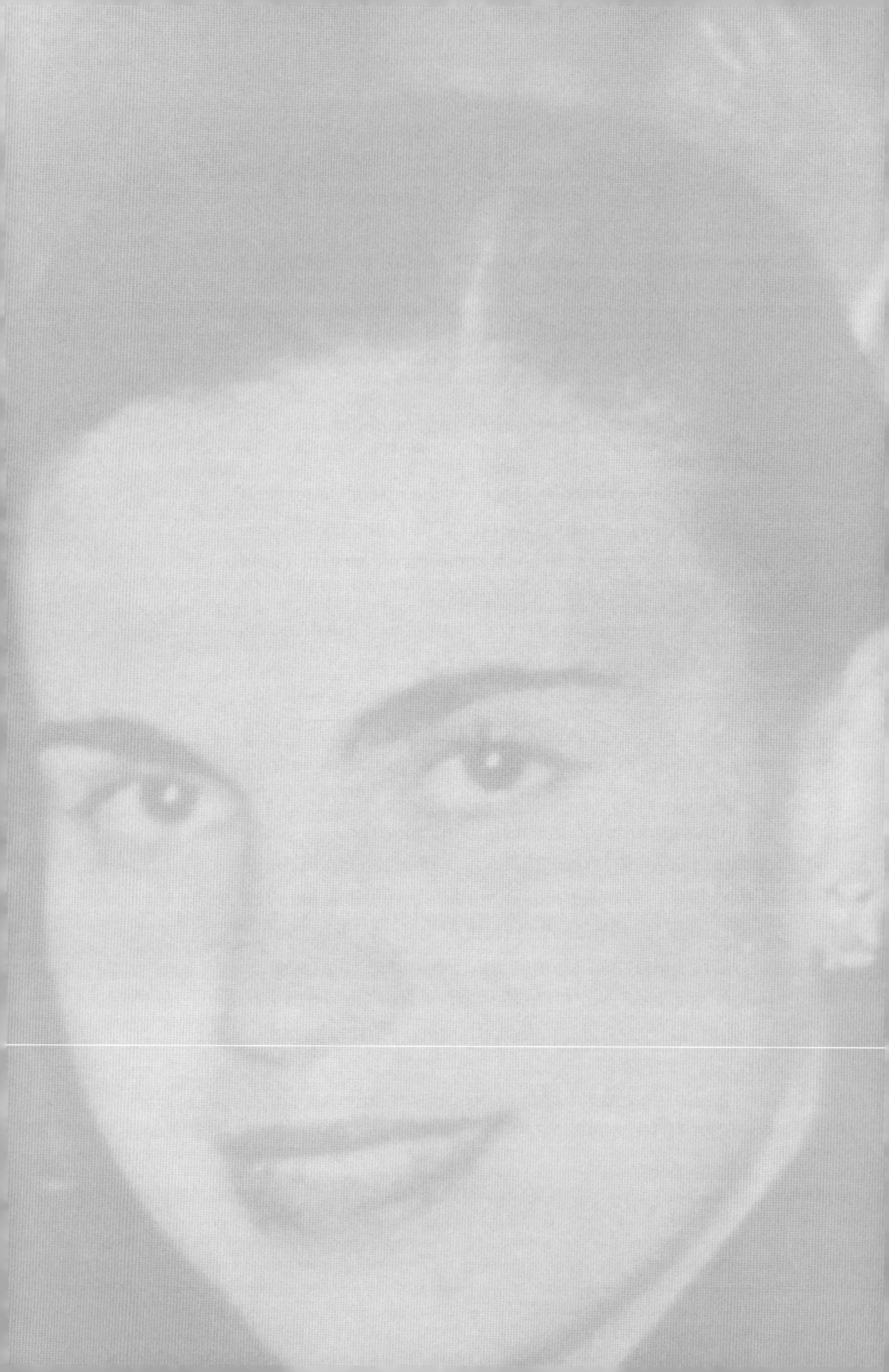

Santos 31/5/952

Luís muito querido,
Peço-lhe desculpas pela demora em restituir a carta que você me pediu. Acontece que eu pensava ir entregá-la pessoalmente mas como não pude fazê-lo envio-a agora.
    Para mim é absolutamente inutil tal carta: há muito tempo tenho a seu respeito uma opinião formada que prescinde de documentos que a pudessem confirmar.
    Fiquei aflita com o que você me contou sobre a sua mão. Pedi a Antonietta que foi para aí, que tentasse comunicar-se com você para me trazer noticias. Sei que é inútil e nem adianta falar para você ter um pouco de cuidado com a saúde. A vida que você está levando já começa a dar resultados. Como isto me amargura!
    Creio que na próxima semana lá por 4ª ou 6ª poderei ir a S. Paulo. Telefonarei para o escritorio do Arnaldo pois quero conversar com você.
    Todo o carinho e o amor da sua
    Anna Maria

    P.S. Sobre sua crônica "Fim de romance", é exatamente isto que venho sentindo. O tempo passando e deixando o remorso do que podia ter acontecido e não houve, a tristeza pela falta de uma existência que eu queria ter vivido e não pude.
    A. M.

FIM DE ROMANCE

Depois de muito, muitos anos, por acaso eles se encontraram. Estavam velhinhos, ela menos que ele, porém ambos, naquele salão de chá cheio de gente, pareciam um anacronismo, sugeriam figuras recortadas de um álbum de retratos que surpreendentemente tivessem adquirido voz e movimentos. Movimentos trêmulos e hesitantes, voz apagada e rouca.

Com a mesma ternura de trinta anos antes, ele segurou-lhe a mão enluvada e murmurou comovidamente:

— Quanto, quanto tempo!

Tinham-se amado; depois houvera muita coisa estranha, o noivado se desfizera, ela casara-se com outro, ele vivera por aí, em aventuras de empréstimo que mais o saciavam da vida que do próprio esforço de fingir o amor. Depois ela enviuvara; e agora estavam os dois ali, a despertar a curiosidade benevolente e levemente irônica das mesas mais próximas.

— Quanto tempo! — murmurou a velha senhora, como um eco.

Com os olhos perdidos na xícara de chá, o idoso cavalheiro falou baixinho, num sussurro quase imperceptível:

— E dizer-se que poderíamos ter sido felizes!

— É verdade. Eu o amava tanto!

Ele a olhou com curiosidade, com carinho, com reprovação. Hesitou. Valia a pena dar-lhe agora a tardia e inútil lição? Adiantava alguma coisa? Mas a velha, a sopitada, a enterrada amargura, agora subitamente revivida, foi mais forte. Com voz quase severa, começou a falar:

— Sim... Você amava-me tanto! E cedeu ao primeiro obstáculo mais ou menos sério que surgiu... Minha cara, creio que você nunca entendeu o amor. O amor é um sentimento de essência trágica: é cego, surdo e louco. O amor é qualquer coisa de patológico e desvairado. Em face dele, todos os outros sentimentos empalidecem e se anulam; o amor passa por cima de todas as coisas quotidianas e burlescas ou sagradas e invioláveis, como o grande sopro severo e melancólico de um deus inapelável. Um homem atingido, marcado pelo amor é um homem sagrado pela tragédia, sua vida já não cabe no âmbito humano, ele escapa ao controle dos homens para se alçar ao campo dos heróis e dos anjos rebelados. É capaz de tudo, de todas as coragens, de todas as grandezas, de todas as misérias, todas as humilhações, todas as baixezas, todas as abjeções e todas as ousadias.

Sim, você amava-me tanto! mas não teve do amor a concepção exata da sua grandeza e do seu mistério. A mulher que ama é uma personagem de tragédia e pelo amor sacrifica todos os bens e afeições de sua vida. E um homem que tem a fortuna de ser amado assim pode se sentir mais rico do que um nababo e mais orgulhoso que um conquistador de impérios. O amor que cede, o amor que contemporiza, o amor que se reparte é qualquer coisa de frustro e de incompleto, morno e inconsistente, pequeno sentimento apropriado para "menages" burgueses, que se confunde com o bem-estar das chinelas e a fastidiosa felicidade dos ócios dominicais... É amor para caixeiros viajantes.

Calou-se. Estava um pouco fatigado porque falara demais e com certa exaltação e o médico lhe recomendara que não se excitasse. A velha senhora fechara os olhos e parecia sonhar. O cavalheiro sentiu-se um pouco arrependido de ter falado. Tudo agora parecia tão sem sentido, tão morto, tão irreparável! Então a senhora abriu os olhos e perguntou se ele podia pedir ao garção mais um pouco de chá.

L.M.

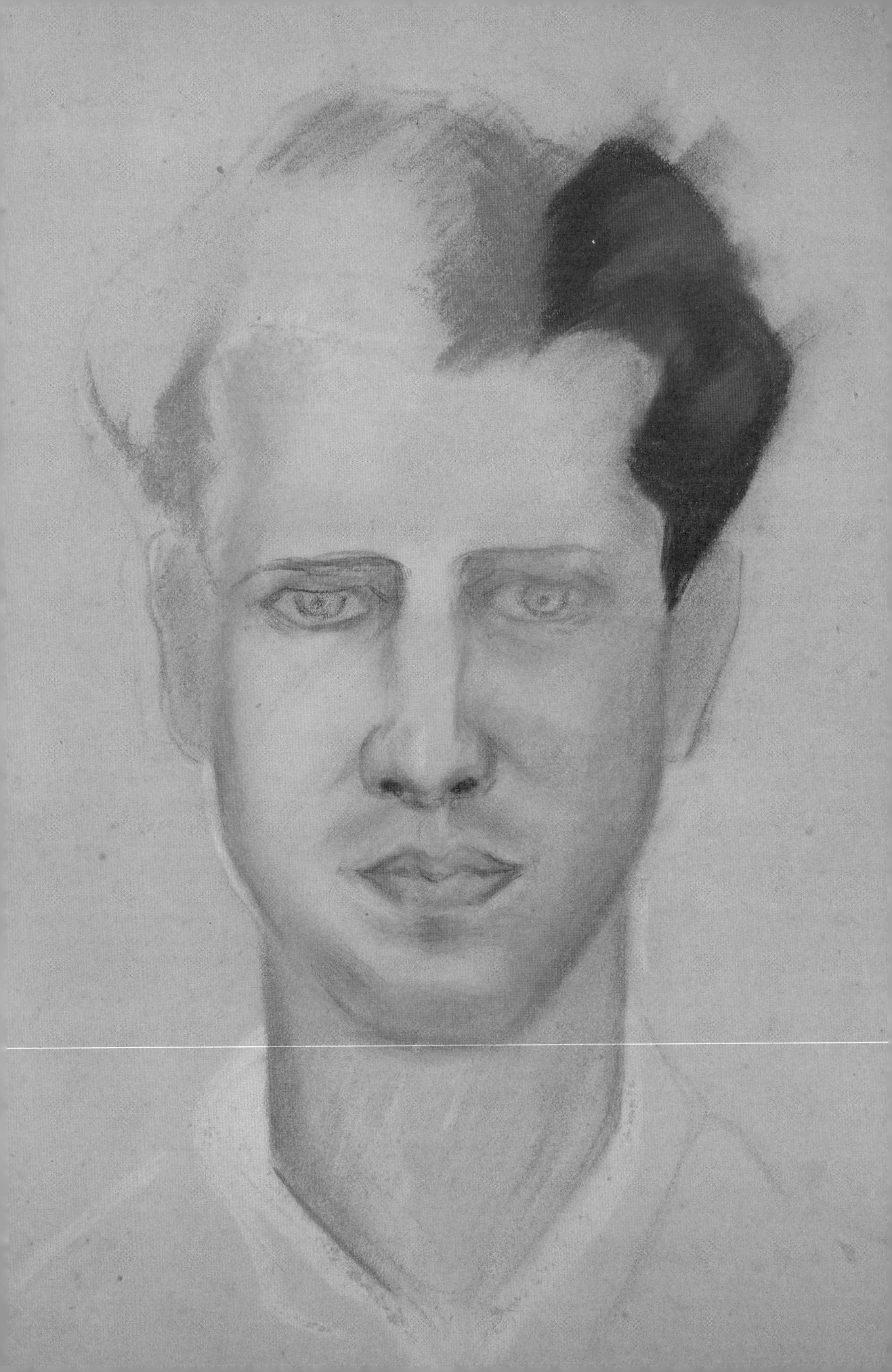

As cartas param por aí e é assim que meu pai resume o fim da história, em suas memórias: "Em março, voltei a São Paulo. Separado de Tarsila, aluguei um pequeno apartamento de sala, quarto, banheiro e cozinha, na rua Vitorino Carmilo, na Barra Funda. Não tinha elevador, garagem, nem quarto de empregada. Nele morava quando me casei com Anna Maria, no dia 8 de setembro de 1952.".

Mas como as coisas não se resolveram assim tão facilmente, forneço mais alguns detalhes.

Em julho daquele ano, ele escrevera a meu avô uma carta cujo rascunho encontrei em seus guardados. Se chegou a enviá-la, não sei. Seja como for, o tom deve ser muito semelhante ao da carta citada por Tarsila em 4/3/1952: "[RENATO] disse que recebeu uma carta malcriada de você" etc. O texto, sem assinatura, está escrito à mão numa letra apressada e nervosa, que dificulta o entendimento de certas palavras.

27.7

Sr Renato Caeiro

Meu Caro amigo, un contando tudo em honra aí. Não lhe falarei no golpe que ~~tudo~~ representou para a minha vida, porque ~~em certos~~ sei ser-lhe intensa. ~~Em tudo aqui para sempre inutili-~~ ~~zado em existência humana~~. Eis o [?] simples ou por intolerância minha tão clara, com ~~a minha memória~~ é inusitado e o mais e pelo menos em sentimento profundo e inabalável, se haverá ninguem que eu possa arrancar do coração; levá-lo-ei para o tumulo comigo. ~~Se Eu~~ Os senhores inutilizaram uma existência humana; existência de um homem ou mal conhecem, de nem ca ~~os fez~~ mal e que apenas cometeu o crime de amar uma [?]. Desfiz minha vida, ~~humanamente~~ deixei o lugar em um revidá, tudo transformei de canal existência – por amor de sua Mãe; pois apesar o seu [?]; fui questão absoluta de um ser caracter e realizar nela o regímen de separação de bens e estar decidido a respeito [?] apenas com o meu orbitrio, pois felizmente eu um homem são e suficientemente bem dotado intelectualmente p[ara] capaz de ganhar sua vida o ser e o sustento de sua família. Tudo isto, porém eu interessa ao senhor nem à sa familia. E o Sr é sob isso ou dever falar. O que me amargurou e me deixa até apos tremulo de indignação, só a acusação que em fizeram gratuitamente, ultrajando a minha honra, e à minha dignidade de homem. Com um direito, porem pergunto? Nunca pensei a vierem un dia a ser parte da calunia ta forma pelo meu sendo. As conhecimentos tem os senhor d meu pau dizerem o em disseram à Mr Marin? Sinceramente, acho o Sr. justo, ach[o] humano, acho decente que se atrapalhe assim a dignidade de um ~~humano~~ um homem, ficando em coisa nenhuma, ~~em~~ ~~simples~~ facilidade, em nenhum base, em nenhum fato concreto, em nenhum evidencia? Eu já sabia – porque sua Mãe vão vezes em disse – que a sua família não gostam de mim. Mas numa imagina [?] en pudessem descer

27.7
Sr. Renato Coelho
Ana Maria escreveu-me contando tudo que houve aí. Não lhe falarei no golpe que representou para a minha vida, porque com certeza isso não lhe interessa. Amo Ana Maria, e pelo menos esse sentimento profundo e inabalavel ñ haverá ninguem que daí o possa arrancar do coração; leva-lo-ei para o tumulo comigo. Os senhores inutilizaram uma existência humana; existência de um homem que mal conheceu, que nunca lhe fez mal e que apenas cometeu o crime de amar uma mulher. Desfiz minha vida, deixei o logar em que residia, tudo transformei de minha existência — por amor. De Ana Maria pedi apenas o seu afeto; fiz questão absoluta de dizer que o casamento se realizaria sob regime de separação de bens e estava decidido a sustentá-la apenas com o meu dinheiro, pois felizmente sou um homem são e regularmente bem dotado intelectualmente, capaz de ganhar por si mesmo o seu e o sustento de sua família. Tudo isso, porém, não interessa ao senhor nem à sua família. E não é sobre isso que desejo falar. O que me assombrou e me deixa até agora trêmulo de indignação é a acusação que me fazem gratuitamente, ultrajando a minha honra, e a minha dignidade de homem. Com que direito, posso perguntar? Nunca pensei que viesse um dia a ser parte da calúnia da forma da qual estou sendo. Que conhecimento tem o senhores de mim para dizerem o que disseram à Ana Maria? Sinceramente, acha o sr. justo, acha humano, acha decente que se atabalhe assim a dignidade de um homem, firmado em coisa nenhuma, em nenhuma base, em nenhum fato concreto, em nenhuma evidencia? Eu já sabia —

porque Anna Maria várias vezes me disse — que a sua família não gostava de mim. Mas nunca imaginei que pudessem descer a detalhes totalmente imaginários pelo desejo deshumano de prejudicar a vida e a honra de quem nunca lhes fez mal nenhum e que o senhor conheceu apenas superficialmente. Porque não fazem uma devassa da minha vida, dos meus centavos, da minha família, da minha moral e do meu passado? Nada tenho por que me envergonhar. Vivi com Tarsila por 18 anos por amor, pela paixão que tive por ela quando a conheci e depois pela lealdade e a ternura que sempre lhe dediquei. Economicamente, nunca lhe devi nada, antes pelo contrário, pois sempre fui o sustentador da casa. Por Tarsila, tive grande trabalho com a fazenda, da qual jamais tirei um tostão para mim. Tarsila está aí e poderá atestar: tenho confiança de que, não obstante a situação em que nos encontramos, ela saberá dizer a verdade.

Filho de um homem que foi conhecido no Rio, onde viveu, trabalhou e morreu, pela sua inatacável e inquestionável honestidade, eduquei-me nos princípios da probidade mais irrepreensível, que aliás é apanágio de toda a minha família. Seria facílimo ao sr. verificar isso, se quizesse. Mas não quiz. Preferiu injuriar-me gratuitamente.

Jornalista e escritor, sou indivíduo bastante conhecido não só em S. Paulo como no Rio. Tenho amigos excelentes, em vários ramos de atividade, todos da maior e da mais solida reputação. Todos me recebem em sua casa, como indivíduo de costumes normais que sou e que me prezo de ser. Que se pode dizer de mim que seja verdade? Que frequento bares? Se o senhor procurasse conhecer a roda que frequento, saberia que é composta geralmente de gente da melhor qualidade, advogados, médicos, políticos, jornalistas, escritores, etc. Gente que toma normalmente o seu aperitivo, sem que isso constitua nada de desabonador.

O sr. há de compreender a indignação de que me acho possuído. Que pode um homem contra a calúnia, quando ela não tem a coragem de se concretizar em palavras escritas, nem poderiam ser refutadas e punidas? Com que direito — pergunto eu — me atribuem vícios que não tenho e imoralidades que jamais pratiquei? Exerço um cargo publico que me obriga a um contacto diário com meninas e adolescentes, ginasianas. Sou inspetor de ensino secundário e exerci minha profissão no Ginásio Sta. Maria de Jaú (de freiras) onde havia cerca de 300 meninas, de 12 a 18 anos; no Ginásio Tarquinio da Silva, de Santos; no Ginásio Paulista e até agora, no Ginásio Alfredo Pucca, de São Paulo; em todos eles há meninas também. O sr. poderia informar-se com os diretores de todos esses estabelecimentos sobre a minha conduta, e tenha a certeza de que minha reputação só poderá sair elevada e impoluta dessa verificação. Aliás, no Ministério da Educação gozo do melhor conceito e sou considerado dos inspetores mais antigos e mais decentes.

Comigo os srs. agiram da maneira mais deshumana e cruel possível. Sabendo me arrancarem a mulher que eu adoro e que constituiria tudo para mim, deixando-me totalmente desamparado, prostrado, aniquilado, sem nenhum gosto mais pela vida, ainda não contentes com isso, empenharam-se em conspurcar o que sempre constituiu para mim o patrimônio mais sagrado que meu pai me legou: a honra.

Atenciosamente

Um mês e pouco depois de ter escrito essa carta, meu pai estava trabalhando em seu apartamento da rua Vitorino Carmilo, quando a campainha soou. Era minha mãe. "Vim para ficar", disse ela. Tinha acordado aquela manhã na fazenda das Pedras e tomado uma resolução repentina: arrumara uma pequena mala e, sem falar com ninguém, pegara o trem para São Paulo.

Os dois se casaram alguns dias mais tarde, em setembro. No mesmo mês, minha mãe engravidou. Deserdada pelos pais em testamento, abriu mão do antigo sobrenome, passando desde então a assinar apenas Anna Maria Martins. No ano seguinte, quatro meses após meu nascimento, meu pai entregou-lhe a carta ao lado.

São Paulo, 22-10-53

Anna Maria,
Quando você me falou sobre a Ana Luisa, eu disse que ia pensar e lhe responderia depois. Como é muito desagrádavel falar nesses assuntos, resolvi deixar-lhe a resposta por escrito, mesmo porque convém que essas coisas fiquem registradas, para o futuro.

Inicialmente, peço que se recorde de certos fatos:

1 — Quando você ficou grávida, foi a Santos e comunicou a seus pais. Desde então, a atitude deles, até muito depois de nascer a Ana Luisa, foi de um completo alheamento pelo fato. Literalmente, o que eles fizeram foi não tomar conhecimento. Nem tocavam no assunto e nunca se lembraram de dar siquer um par de sapatinhos para a criança que ia nascer.

2 — A única demonstração que sua mãe deu de não ignorar que você ia ter um filho, foi mandar, por intermédio da Carmen, fazer-lhe o oferecimento mais absurdo que se possa imaginar: você ter o parto em Santos, a expensas dela. Fico pasmo de que lhe pudesse ter passado pela cabeça um momento siquer, que eu fosse capaz de aceitar isso! Você ter o filho, <u>o meu filho</u>, longe de mim e eu, o pai, se quizesse visitá-la, ter que o fazer por favor, aproveitando humildemente os instantes que me quizessem conceder! Precisaria que eu não tivesse a menor noção de dignidade e amor próprio, e que fosse um monstro de indiferença pela sorte de minha mulher e de meu filho, para poder aceitar uma coisa dessa! E o estranho é que hoje se alegue esse fato como demonstração do interesse que tinha sua mãe pela sua gravidez!

Ela não queria auxiliá-la (porque, se o quizesse, tanto fazia você ter a criança em Santos como em São Paulo) — o que ela queria era simplesmente afastá-la de mim e deixar-me numa situação humilhante. Ainda hoje me sinto revoltado só em pensar que me tivessem julgado capaz de tamanha ignomínia: graças a Deus, não preciso de esmolas.

3 — Quando você esteve doente, e em risco iminente de perder a criança, sua família não deu a menor demonstração de se incomodar com a situação.

4 — Quando nasceu Ana Luisa, a mesma indiferença, o mesmo descaso continuou. Você há de se lembrar de que, nessa ocasião, revoltado com tamanha demonstração de desprezo, eu declarei solenemente: "Eles não quizeram saber da criança; pois não hão de saber nunca. Ignoraram-na; pois ficarão ignorando para sempre."

5 — Essa indiferença, e até hostilidade, permaneceu por muito tempo. Você há de se lembrar do que disse seu irmão, referindo-se à Ana Luisa: "Ela que vá ficando por lá, que aqui não arranja nada!" E de que chegou ao nosso conhecimento que seu pai teria dito não a considerar como neta.

6 — Essa atitude, verdadeiramente desumana — e até, permita-me dizer-lhe, monstruosa — chocou profundamente toda gente, sobretudo os próprios amigos de sua família, que a condenaram com veemência. Os outros ficavam boquiabertos quando sabiam.

7 — Sua família, desde o começo, me tratou, não como é de hábito tratar-se um ser humano, mas com a brutalidade, a impiedade e a falta de consideração com que os homens costumam tratar certos animais. Há certos sofrimentos que não se esquecem e certas ofensas que não se perdoam. E, entretanto, apenas em consideração a você, acabei voltando atraz de minha determinação inicial, e permitindo que você levasse a criança à casa do seu tio Lauro quando seus pais estivessem lá.

8 — Seus pais, alem de tudo que me fizeram sofrer (e que, se não me levou a uma grave enfermidade, à loucura ou ao extermínio foi porque sou mais resistente do que julgava) nunca se cansaram de me difamar, da maneira mais gratuita, leviana e cruel, diante de pessoas que não me conhecem e que não tinham base para julgar da procedência dessas acusações. Além de uma série de inverdades que criaram a meu respeito, não hesitaram em macular minha honra, enxovalhando o nome que herdei de meus pais, que você usa e que transmiti à minha filha — um nome honrado que nunca se expoz a tais enxurradas.

9 — Até hoje, tudo que disseram de mim continua de pé, pois nunca soube que se tivessem retratado de qualquer acusação que me fizeram — pelo contrário, todo o seu comportamento, mesmo depois de estarmos casados, foi de quem está convencido da veracidade do que disse e não vê motivos para voltar atraz.

10 — Pelo simples fato de se casar comigo, você foi considerada pela família como uma criatura marginal, que se tolera por compaixão e porque afinal é filha. Essa sua tia Marieta chegou ao ponto de proibir aos filhos que tivessem qualquer contacto com você, como se você fosse uma leprosa moral ou uma mulher de vida irregular — e seus pais nunca demonstraram qualquer condenação a essa atitude, pelo menos que eu saiba, pois continuam a se dar muito bem com ela e tendo íntimas relações com quem trata você por essa forma degradante e bem pouco condizente com os princípios cristãos.

11 — Nosso lar, nossas relações, nossas amizades, as pessoas que nos frequentam, as casas que visitamos, enfim, o meio em que vivemos, têm sido, sem a menor base, sem a menor verificação, sem o menor conhecimento (só porque imaginam que é assim, deve ser) condenados como impróprios para uma existência decente, como se todos os meus amigos fossem moleques e todos os círculos sociais que frequento compostos de

indivíduos desclassificados e imorais. É nesse meio que há de viver nossa filha — e portanto ela não é digna de frequentar a casa de seus pais, onde seria tratada como criatura de um círculo inferior e desprezível.

12 — Seus pais parecem ter da vida e dos homens uma estranha concepção: eles podem fazer tudo, dizer tudo, agir como entenderem, mesmo que isso fira os outros da maneira mais brutal, inclusive nesta coisa em que nenhum homem de honra ataca outro homem sinão munido de provas irrefutáveis e concludentes: a honra. Mas os outros não têm o direito de lhes fazer nada. Eles só têm direitos; os outros só têm deveres. Eles podem ignorar, não tomar conhecimento da neta; desde que resolvam o contrário, acham que os outros devem imediatamente aceitar a nova situação. Porque é deles que depende tudo e são eles que decidem o curso dos acontecimentos.

Por tudo isto, vê você, minha querida, que não posso permitir que Ana Luisa frequente a casa de seus pais. Não posso consentir que ela frequente uma casa onde o pai é considerado como um indivíduo da mais reles categoria moral e social — um malandro, um explorador de mulheres, um degenerado sexual, um caçador de dotes, um cafajeste, e tudo mais que me atribuem; não posso consentir que ela frequente uma gente que a tratou com tanto desprezo e hostilidade. Não se trata de um capricho ou uma vingança, mas de um simples ato orientado pelos mais elementares ditames da dignidade — dignidade minha e dela.

E você — que me conhece bem — sabe que eu seria capaz de fazer tudo por você, menos transigir nessas coisas. Não pretendo deixar Ana Luisa ignorante desses fatos: ela há de saber de tudo e é ela que um dia nos há de julgar a todos.

Portanto, querida, não falemos mais nisso. Perdoa-me, compreende-me e beija-me.

Luis Martins
Fazenda Santa Cândida

" Tout passe, tout

"casse, tout passe"

Mas porque é verdade que "tout passe, tout casse, tout lasse", apesar da determinação de meu pai, as coisas não seguiram exatamente como ele previa.

Eu devia ser muito pequena (três, cinco anos?) quando ele permitiu que minha mãe me levasse pela primeira vez à fazenda Santa Cândida (que coubera a minha avó, Lucia, na partilha da herança do pai, tendo a fazenda das Pedras, com a antiga sede, permanecido com seu irmão, Lauro). Mas ainda me lembro bem do episódio, da minha euforia e da emoção de minha mãe ao anunciar-me a novidade.

Como foi o início de meu relacionamento com meus avós, não sei ao certo. Tenho vagas e antigas recordações de que eles não tinham comigo a mesma intimidade que tinham com os outros netos. Mas, desde quando consigo me lembrar melhor, dei-me muitíssimo bem com eles. Assim como meus primos, sentia bastante carinho mas também enorme respeito por meu avô Renato, que era um homem severo e autoritário com os netos. Um respeito que não me impediu de, na adolescência, ter com ele inúmeras discussões sobre política — em geral durante os almoços na fazenda, a família inteira reunida —, nas quais eu demonstrava tamanha insolência que mais de uma vez meu avô precisou sair da mesa para não sofrer uma congestão (tudo isso, diga-se, para deleite de meu pai, que se mantinha educadamente calado mas observando-me com um sorriso de aprovação que meu avô não tinha como ignorar — sim, porque nessa época meu pai já frequentava a Santa Cândida, como explicarei em seguida).

Com minha avó Lucia, que sobreviveu por longo tempo ao marido, tive prazerosa convivência. Sentíamos grande simpatia uma pela outra — sentimento que se intensificou com o passar dos anos —, e, se não fui sua neta preferida (posto ocupado de forma inquestionável por meu meio-irmão, que foi criado por ela), certamente não fui a menos querida. Gostávamos de conversar: ela de contar casos, sobretudo os familiares — o que fazia com enorme graça, vivacidade e ironia —, e eu de ouvi-los. Minha avó entusiasmava-se tanto com esse meu interesse que, uma vez, como eu duvidasse de determinada história que me contara, fez-me ir — munida de um gravador que, por sua sugestão, eu escondera na bolsa mas que, por minha insegurança, não consegui ligar — até a casa de uma prima idosa e, com habilidade surpreendente, em meio a xícaras de chá e biscoitinhos, conseguiu levá-la não só a confirmar o ocorrido como a nos fornecer novos e interessantíssimos detalhes, ainda mais escabrosos. Foi também da boca de minha avó que ouvi as inesquecíveis "chansons de ronde" (herança da sua infância na Bélgica) que cantei para minhas filhas quando eram pequenas e que elas talvez cantem um dia para seus filhos, quando os tiverem.

Não sei explicar direito como as coisas tomaram esse rumo, tendo em vista as enormes e duradouras desavenças entre ela e meu pai. Pensando em retrospectiva, creio ter havido de nossa parte um entendimento tácito de que o que houvera entre eles não nos dizia respeito diretamente. Nunca conversamos sobre o tema, embora ela soubesse que eu sabia, e eu, que ela sabia que eu sabia. Mesmo mais tarde, eu já adulta, o mais próximo que chegamos de tocar no assunto foi uma história (mais uma!) que ela não cansava de repetir e na qual achava uma graça tremenda.

"Um dia, em Santos, quando você era pequena", dizia minha avó com um risinho maroto, e eu percebia de imediato o que estava por vir, "você estava terrível, pulando no sofá de um lado para o outro. Sua mãe tinha saído, e estávamos sozinhas. Pedi várias vezes a você que ficasse quieta, mas você não obedecia. Comecei a passar um pito daqueles. De repente, você parou de pular e, olhando bem nos meus olhos, falou, desafiadora: 'Papai comprou uma espingarda'. E, diante de minha surpresa, emendou depressa: 'Mas não se preocupe. Não é para matar a senhora, não.'".

    Ela contava e ria, repetindo, deliciada, a última frase. Eu ria junto com ela. Estabelecíamos assim, não sei como, uma linha divisória entre o passado e o presente, entre o que houvera entre ela e meu pai e o que havia, agora, entre nós duas.

    Também me dei bem com o resto dos "Amarais", com meus dois tios, irmãos de minha mãe, e em especial com sua irmã, Carmen, que sempre me agradou muito, desde pequena.

    Vários anos e acontecimentos se passaram até que meu pai e meus avós maternos se reconciliassem. No início dos anos 60, um dos meus tios, que trabalhava na firma comissária de café do meu avô, em Santos, envolveu-se com uma gente estranha e acabou fazendo uma grande trapalhada, que explodiu num escândalo de proporções consideráveis. Meus avós ficaram desesperados. Pior que isso. Meu avô, que era honestíssimo e de nada sabia, fez questão de saldar todas as dívidas do filho, gastou fortunas com advogados e perdeu, assim, quase tudo o que tinha (inclusive a firma comissária e a casa onde morava, em Santos). Minha mãe fez a única coisa que estava a seu alcance: pediu ao marido que falasse com alguns amigos (os mesmos "moleques" de outrora, agora jornalistas e políticos influentes) e procurasse ajudar seu irmão. Ele fez o que pôde, embora pouco, ou quase nada, tenha conseguido. Meus avós souberam das suas tentativas e ficaram-lhe gratos.

    Eu devia ter, portanto, treze ou catorze anos quando ouvi a campainha e fui correndo abrir a porta para meus avós entrarem pela primeira vez em minha casa. Queriam agradecer a meu pai pessoalmente, e ele, muito a contragosto, concordara em recebê-los. De forma que lá estavam meus avós, na soleira, onde permanecemos os três, constrangidos, por alguns segundos, sem saber ao certo o que fazer, até meu pai surgir do corredor e convidá-los a entrar. Era uma daquelas manhãs geladas de inverno, da qual me recordo com nitidez. Minha avó vestia um mantozão marrom que eu conhecia bem, a gola a lhe encobrir parte do queixo, e meu avô, um capote sem cor definida, aberto sobre o macacão de algodão ordinário que dera para usar ultimamente. Pareciam estar usando roupas muito maiores do que deveriam, e eu pensei, com um sobressalto, que tinham encolhido desde a última vez que os vira. Notei, pela primeira vez, que estavam velhos.

A visita marcou o início do processo de reconciliação entre eles, que se tornou definitiva quando meus avós fizeram questão de ceder a meu pai o uso de um chalé na fazenda Santa Cândida, perto do "Casão", como chamávamos a casa construída por meu avô para hospedar toda a família, onde, entretanto, não fora previsto um quarto para meus pais. Mais que uma boa solução, o arranjo era uma expressão fiel do relacionamento que estabeleceram a partir dali: nem tão íntimo a ponto de conviverem sob o mesmo teto, mas próximo o bastante para exercitarem uma espécie de política de boa vizinhança.

Sem a casa em Santos, meus avós mudaram-se para a fazenda, onde meu avô faleceu em 1969, não sem antes voltar atrás na decisão de deserdar minha mãe. Para sobreviver, tinha aos poucos vendido vários pedaços de terra. O que sobrou, minha avó e aquele tio (que, após uma série de atribulações, fora morar com ela na fazenda) não conseguiram administrar. A Santa Cândida tornou-se um peso e motivo de tantas desavenças familiares que tiveram que vendê-la. Saía, assim, das mãos de um ramo dos "Amarais" parte das terras que um dia pertenceram a José Estanislau do Amaral, o "Milionário". Minha avó foi para São Paulo, morar com minha tia Carmen. Também passava longas temporadas em nossa casa, nas quais eu constatava, admirada, que se dava bem com meu pai. Pareciam gostar da companhia um do outro: de vez em quando, ficavam horas conversando (creio que jamais sobre o passado). Uma noite, teve um derrame. Depois disso, começou a ter estranhas visões e a falar com gente que só ela via. Não demorou a perder a lucidez. Como não tinha mais nenhum tostão, alguns filhos e netos se cotizaram para pagar as despesas da casa de repouso onde ficou internada por dois anos. Fui vê-la várias vezes: dava-lhe pedacinhos de éclair na boca e cantávamos juntas, em francês. Na minha última visita, conversamos animadamente por alguns minutos até eu perceber que ela me tomava por outra pessoa e mandava recados para gente que jamais conheci, morta havia muito. Faleceu logo depois, em 1989, aos oitenta e sete anos.

Tia Antonietta nunca mais viu meus avós, pois os antigos vizinhos romperam com ela em 1952, devido à sua participação no caso. Mas é, até hoje, a melhor amiga de minha mãe. Um ano depois, ela se casaria com o admirável Casimiro Montenegro (idealizador do CTA — Centro Tecnológico da Aeronáutica, em São José dos Campos), com quem teria os cinco filhos que eu, desde que me lembro, acostumei a chamar de "primos". As duas se falam regularmente, visitam-se sempre que possível (já que uma mora no Rio e a outra em São Paulo), e frequentemente nos reunimos todos nas férias ou no Natal.

Tia Marieta e tio Luís, que não conheci, nunca mais falaram com minha mãe, embora ela e a prima querida, "Helô", continuem hoje tão ligadas quanto em 1950 e não passem mais de três dias sem se ver ou conversar por telefone.

Luís Alberto, meu meio-irmão, foi criado por meus avós, em Santos, e jamais veio morar conosco.

Meu pai continuou escrevendo para *O Estado de S. Paulo* até o fim da vida. Foi premiado por alguns de seus livros e eleito para a Academia Paulista de Letras — fato que se tornou mais um motivo de discussões entre nós, em minha adolescência. Tornou-se tão caseiro que os amigos, que antes o chamavam de "Louis Martin du Bar", passaram a chamá-lo de "Louis Martin du Lar". Mesmo assim, não deixou de tomar religiosamente o seu "uisquinho" de fim de tarde e, pelo menos uma vez por mês, os seus vários "uisquinhos" de noite adentro junto com os amigos da juventude — os quais considerava, como o ouvi declarar inúmeras vezes, a sua verdadeira família.

Minha mãe também seguiu escrevendo, também ganhou prêmios por alguns de seus livros — dos quais meu pai se orgulhava muito mais do que dos seus próprios —, ingressou na Academia Paulista de Letras (já não discuto mais...) e aprendeu a trabalhar para se manter. Os dois viveram harmoniosamente por vinte e nove anos, até a morte de meu pai, aos setenta e quatro, num desastre de automóvel (como, aliás, previra aquela senhora mencionada por ele numa crônica de março de 1952). Continuavam tão apaixonados como na época em que se casaram, e durante todos esses anos não os vi brigar mais que três ou quatro vezes, e sempre por motivos tão tolos, que me faziam rir às escondidas.

Conforme haviam combinado, meu pai e Tarsila mantiveram a amizade até a morte dela, em janeiro de 1973. Durante vinte anos, e com a anuência de minha mãe, ele a visitou pelo menos uma vez a cada quinze dias.

Como já disse, nunca tive oportunidade de contar a meu pai que tinha lido as cartas escondidas (mas não muito) em sua gaveta. E menos ainda que, ao contrário do que ele imaginava, jamais soube fazer julgamentos muito severos a respeito dos participantes dessa história (não me vanglorio nem me penitencio disso; apenas constato).

De modo que não foi sem certa perplexidade que ele ouviu meu pedido aquela madrugada, assim que começamos nossa primeira conversa sobre Tarsila, de me levar com ele na próxima visita que lhe fizesse. "Quero agradecer", eu disse. "Mas agradecer o quê?", perguntou meu pai. "Pelas lembrancinhas, ora bolas!", respondi.

Quem nos recebeu foi dona "Anete" (Ana Mendes), a fiel enfermeira que cuidou de Tarsila até o fim. Ela se encontrava na cama, de onde já não saía. Estava velha, doente, e tinha a cabeça coberta por um lenço. Não lembro sobre o que falamos aquele dia. Certamente sobre banalidades. Lembro apenas que seu sorriso me pareceu bonito, estranhamente familiar, e que ficamos o tempo todo conversando baixinho, de mãos dadas. E também que, ao ver meu pai zanzando pelo quarto de um lado para o outro, os lábios afilados naquele assobio sem som tão característico de seu nervosismo, pensei em dizer alguma coisa para acalmá-lo. Mas calei-me, por não saber o que falar.

TARSILA

Tarsila foi, certamente, uma criatura rara, excepcional, superior, reunindo em si um complexo de qualidades e virtudes que a tornaram, não só em seu meio como em seu tempo, uma dessas culminâncias quase fenomenais com que a Humanidade parece às vezes querer superar-se a si mesma, aproximando-se da perfeição. Tudo nela era de alta qualidade: o talento, a cultura, a sensibilidade, a bondade, a educação, a beleza.

Oriunda de tradicionais e opulentas raízes (José Estanislau do Amaral, seu avô, era cognominado o Milionário, como se pode ver em Silva Leme), Tarsila conheceu todos os confortos, esplendores e prazeres da vida. Teve mansões, fazendas, automóveis. Viajou. Vestia-se com modelos especiais de Poiret, o grande modista parisiense da época. Sua beleza espetacular ficou famosa. Quando Sanson Flexor veio para o Brasil, um crítico de arte francês, se não me engano Christian Zervos, disse-lhe: "Você vai conhecer a mulher mais bela do mundo. Chama-se Tarsila". Sergio Milliet contava a sensação que ela causava quando aparecia num camarote de teatro, em Paris: todos os olhares se voltavam para aquela criatura radiosa e fascinante.

Quanto ao talento, não é necessário celebrá-lo, para um público que a admira e disputa seus quadros a peso de ouro. Não é necessário relembrar as suas exposições em Paris, em Moscou, em São Paulo e no Rio de Janeiro, a Antropofagia, a fase Pau-Brasil, o papel que representou na renovação da arte brasileira. Sob certos aspectos, Tarsila é o nosso pintor mais importante, neste século. Mas não se limitava a pintar: também escrevia — e muito bem.

A infinita bondade, a recatada modéstia, a extrema polidez, a extraordinária simplicidade, a grande generosidade, eram atributos que completavam a notável personalidade dessa criatura de exceção. E a coragem, o estoicismo, a resignação. A única neta, ainda adolescente, foi-lhe arrebatada pela morte. Anos depois, perdeu a filha única. Depois, foi a cruel, impiedosa enfermidade: há muitos anos, Tarsila vivia numa cadeira de rodas. E nunca se queixou, nunca se lamentou, nunca se revoltou. Pelo contrário. Sua atitude diante da vida era uma constante, inalterável e comovente lição de otimismo, de coragem, de alegria de viver.

São Paulo e o Brasil reconheceram-lhe o valor muito tarde. Durante anos, Tarsila viveu quase esquecida e ignorada. A importância da sua obra era negada ou diminuída. Tarsila passou dias difíceis. Mas sempre sorridente, sempre amável com todo o mundo, sempre contente consigo mesma e com a Humanidade. Agora, que está morta, é que podemos avaliar sua grandeza.

L.M.

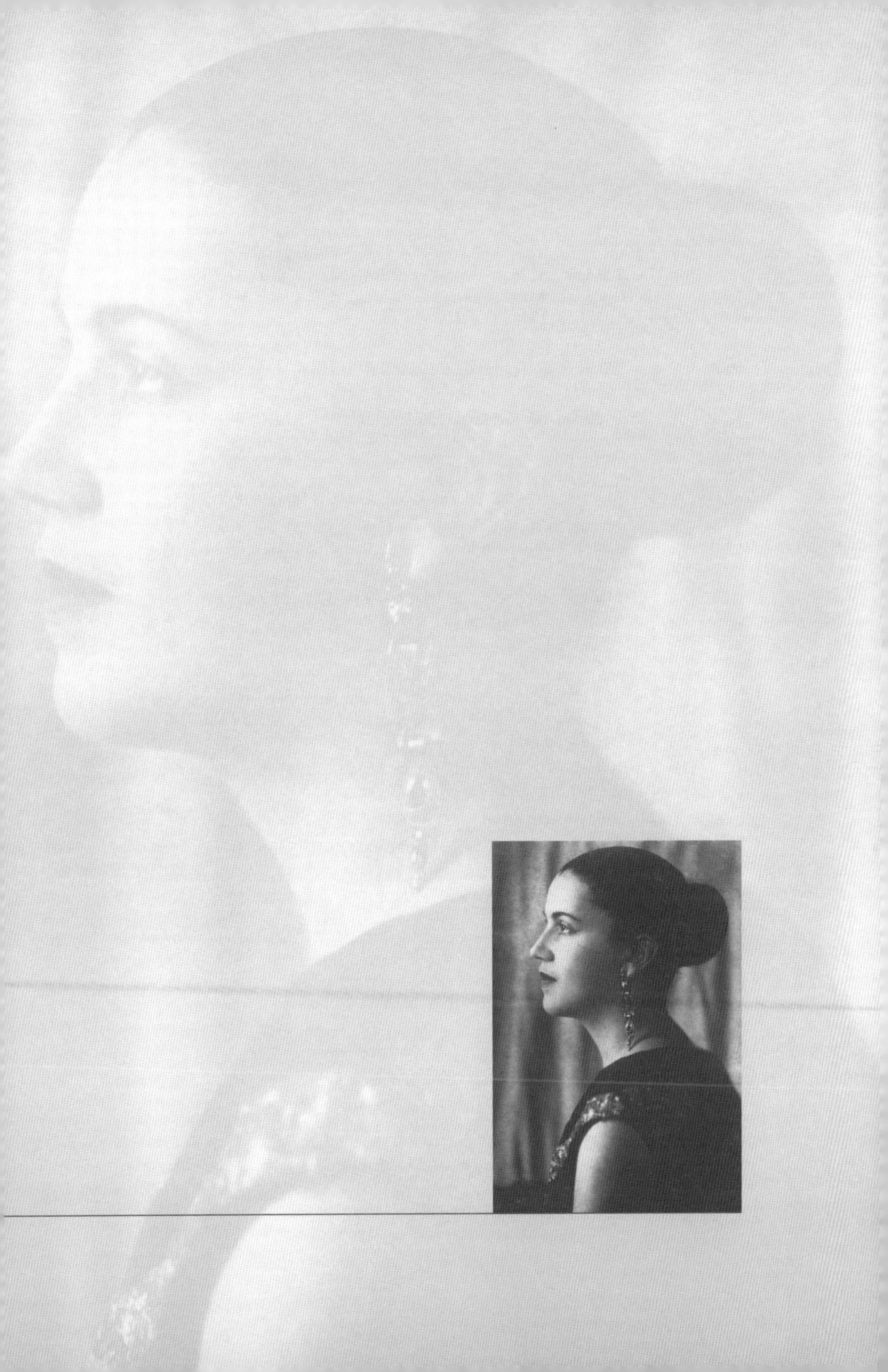

Imagens

Todas as imagens reproduzidas neste livro pertencem à coleção particular da família Luís Martins, exceto as das páginas 8, 42/43, 54/55, 97, 104/105, 123, 134, 171 e 210.

pgs. 8/9	Luís (Arquivo do Centro de Estudos Luís Martins, MAM/SP), Tarsila e Anna Maria.
pg. 18	Tarsila do Amaral: *Retrato de Luís Martins*, 1934, pastel s/ papel, 45 x 26 cm.
pg. 27	Luís, s.d.
pg. 28	Luís Martins: *Sem título* (Tarsila e Luís), fazenda Santa Teresa, 1945, nanquim s/ papel, 27,5 x 20,3 cm.
pg. 31	Jantar em homenagem a Jorge Amado, Dante Costa e Peregrino Júnior, 1933.
pg. 35	Luís Martins: *Sem título*, s.d., aquarela, 23 x 31,5 cm, s.a.
pg. 38	Luís Martins: *Sem título* (Tarsila ao piano), s.d., lápis s/ papel, 23 x 32 cm, s.a.
pgs. 42/43	As fotos "Casa da fazenda Santa Teresa do Alto (fundos)" e "Tarsila, Luís, Djalma e João Martins" pertencem, respectivamente, a Helena do Amaral Galvão Bueno e Luis Cláudio de Souza Machado, a quem a autora agradece o empréstimo.
pgs. 46/47	Tarsila pintando a tela *Retrato de Luís Martins*, rua Marquês de Abrantes, Rio de Janeiro, 16/9/1935.
pg. 48	Tarsila do Amaral: *Retrato de Luís Martins*, 1936, óleo s/ tela, 81 x 64 cm.
pg. 53	Anna Maria, São Francisco, Estados Unidos, 6/7/1948.
pgs. 54/55	Ilustração de Tarsila do Amaral para a capa de *Cantigas da rua escura*, de Luís Martins, São Paulo, Livraria Martins Editora, 1950.
pgs. 56/57	Luís e Tarsila, outubro de 1933.
pg. 64	Tarsila no apartamento da rua Tabatinguera, São Paulo, 1939.
pg. 74	Tarsila esculpindo em seu ateliê. Na parede, à direita, vê-se o quadro *2ª Classe* (1933); à esquerda, *A família* (1925); no chão, *Crianças (Orfanato)*, de 1935.
pg. 86	Luís, dezembro de 1943.
pg. 90	Luís no terraço da fazenda Santa Teresa do Alto, Monte Serrate, São Paulo.
pg. 93	Tarsila com seu quadro *Antropofagia*, de 1929, ao fundo.
pg. 96	Tarsila, dezembro de 1943.
pg. 97	Detalhe de ilustração de Tarsila do Amaral em *Cantigas da rua escura*, op. cit., p. 27.

pg. 103	Anna Maria, São Paulo, década de 1950.
pgs. 104/105	Detalhe de ilustração de Tarsila do Amaral em *Cantigas da rua escura*, op. cit., p. 19.
pgs. 106/107	Tarsila do Amaral: *Sem título* (Luís lendo),1935, lápis s/ papel, 23 x 28 cm.
pg. 123	Foto pertencente a Maria Antonietta Montenegro, a quem a autora agradece o empréstimo.
pg. 124	Tarsila, Luís e um amigo na piscina da fazenda Santa Teresa do Alto.
pg. 126	Tarsila, 18/9/1935.
pg. 133	Luís e Tarsila na fazenda Santa Teresa do Alto.
pg. 134	Saudação de Fernand Léger, Cícero Dias e Blaise Cendras, Paris, 1951. O texto de Cendras diz: *"Oh Tarsila, quelle joie d'avoir l'occasion de vous tendres la main et de vous dire bonjour! Quand revenez-vous à Paris? On vous attend. Ma main amie, Blaise Cendras, com saudades do Brasil, Paris, 17 janvier 1951"*. Em Aracy Amaral, *Tarsila Cronista*, São Paulo, Edusp, 2001.
pg. 141	Tarsila do Amaral: *Retrato de Luís Martins*, s.d, nanquim s/ papel, 16 x 11 cm (mancha).
pg. 152	Foto tirada na Associação dos Artistas Brasileiros, Rio de Janeiro, 5/6/1936.
pg. 155	Luís na casa da rua Caiubi, 666.
pg. 161	Luís Martins: *Sem título* (Tarsila pintando), s.d., lápis s/ papel, 23 x 14,2 cm, s.a.
pg. 166	Tarsila do Amaral: *Sem título*, s.d., gravura em metal, 27,5 x 39 cm (mancha).
pg. 171	Ilustração de Tarsila do Amaral em *Cantigas da rua escura*, op. cit., p. 19.
pg. 179	Tarsila do Amaral: *Retrato de Luís Martins*, 1941, nanquim e lápis s/ papel, 32 x 21 cm.
pg. 187	Luís na casa da rua Caiubi, 666.
pg. 191	Tarsila na casa da rua Caiubi, 666.
pg. 204	Fazenda das Pedras, Indaiatuba, São Paulo.
pg. 210	Luís Martins: desenho s/ papel, s.d., feito a máquina de escrever. Arquivo do Centro de Estudos Luís Martins, MAM/São Paulo.
pg. 218	Anna Maria, São Francisco, Estados Unidos, 1948.
pg. 222	Tarsila do Amaral: *Retrato de Luís Martins*, s.d, lápis e giz pastel s/ papel, s.a.
pg. 233	Luís Martins, *Sem título*, fazenda Santa Cândida, s.d., giz de cera e caneta esferográfica s/ papel, 22 x 28 cm (mancha).
pg. 243	Tarsila, década de 1920.

Agradecimentos

A Guilherme Augusto do Amaral, pelas informações e pela autorização, em nome dos herdeiros de Tarsila do Amaral, para reproduzir a correspondência da pintora, assim como fotos, desenhos e quadros.

A Anna Maria Martins, Aracy Amaral, Dina Martins, Helena do Amaral Galvão Bueno, Heloísa Maria do Amaral, Maria Antonietta Montenegro e Noedyr Moraes Correa pelas informações.

A autora também agradece a todos que, de uma forma ou de outra, colaboraram para a publicação deste livro: Agnaldo Farias; Cristiana Bertazoni Martins; Cristina Abdo; Dida Bessana; Fabiana Mie Hanashiro; Eliane Vasconcellos; Fabio Montenegro; Jefferson Luiz Alves; João Amâncio Vieira; João Baptista da Costa Aguiar; Leia Cassoni; Luiz Basile; Marcelo Coelho; Márcia Signorini; Maria Adelaide Amaral; Maria Rossi Samora; Marlene de Paula Simões; Pedro Corrêa do Lago; Pascoal Soto; Pedro Paulo Senna Madureira; Renato Aguiar; Rogério Eduardo Alves; Rubem Fonseca; Rui Mesquita; Ruth Lanna; Sibélia di Bella; Tadeu Chiarelli; Tarsila do Amaral e demais herdeiros de Tarsila do Amaral.

ANA LUISA MARTINS NASCEU EM SÃO PAULO, EM 1953. REDATORA, EDITORA E TRADUTORA, TEM CONTOS PUBLICADOS NO JORNAL *O ESTADO DE S. PAULO* E NA ANTIGA REVISTA *ESCRITA*. É ORGANIZADORA DO LIVRO *LUÍS MARTINS: UM CRONISTA DE ARTE EM SÃO PAULO NOS ANOS 1940* (COM JOSÉ ARMANDO PEREIRA DA SILVA), MAM-SP, GANHADOR DO PRÊMIO SERGIO MILLIET 2009 DA ABCA.